〔美〕西尔维亚·安·休利特◎著

周健 朱九扬◎译

创造生活：
美国职业女性生活状况研究

Creating A Life :What Every Woman Needs
to Know About Having A Baby and A Career

中国社会科学出版社

图字：01－2018－0592 号

图书在版编目（CIP）数据

创造生活：美国职业女性生活状况研究／（美）西尔维亚·安·休利特著；
周健，朱九扬译. —北京：中国社会科学出版社，2018.11
书名原文：Creating A Life：What Every Woman Needs to Know About Having
A Baby and A Career
ISBN 978－7－5203－3013－8

Ⅰ.①创… Ⅱ.①西…②周…③朱… Ⅲ.①女职工—生活状况—研究—美国
Ⅳ.①D447.127

中国版本图书馆 CIP 数据核字（2018）第 185057 号

出 版 人	赵剑英
责任编辑	安 芳
责任校对	张爱华
责任印制	李寡寡

出 版	中国社会科学出版社
社 址	北京鼓楼西大街甲 158 号
邮 编	100720
网 址	http://www.csspw.cn
发 行 部	010－84083685
门 市 部	010－84029450
经 销	新华书店及其他书店

印 刷	北京明恒达印务有限公司
装 订	廊坊市广阳区广增装订厂
版 次	2018 年 11 月第 1 版
印 次	2018 年 11 月第 1 次印刷

开 本	710×1000 1/16
印 张	14
字 数	190 千字
定 价	59.00 元

前　言

你要读到的这本书，将会改变你的生活。

本书陈列了大量的事实和数据，不仅会对你的生活产生巨大的影响，还会改变你的好友、女儿以及姐妹们的生活。

《创造生活》出版之后没多久，我就在生活中多次遇到实例，证明这本书已经改变了一些人的态度、行为，甚至让他们的生活变了样子。

就在上周，我去华盛顿里根机场搭乘达美公司的班机。正当我登上机场大巴的时候，一位 30 多岁的女性向我跑来。"您是西尔维亚·安·休利特吗?"当我承认我是，她激动地尖叫一声，紧紧抱住了我。然后，她向我以及大巴上的其他乘客讲起了她的故事。就在半年前，她还是一个典型的工作狂——一周工作 65 个小时，假装办公桌上的中式外卖就是自己最中意的就餐体验。后来她的姐姐给她寄来了我的书，她读了以后，用她的话说就是"醍醐灌顶"。直接的后果就是：她决定摆脱这种状态，重新掌控自己的生活。紧接着，她换了几家公司（选择了一个鼓励远程办公和弹性工作制的公司，公司规定周末不收发电子邮件），加入了教会和一个远足俱乐部，还遇到了一位很棒的男士。"我们下个月就搬到一起住了，"她有些不好意思地说："我们甚至谈论结婚和孩子了。您的书对我产生了这么大的影响……它使我清醒，给了我勇气。"

上个月，我在哈佛法学院刚做完演讲，一个学生抱着孩子走到我跟前。她先是介绍了自己，然后把孩子托向我。"这就是我的孩子，"她说，"他的名字叫纳撒尼尔·帕特里克，也可算作你的孩子。要不是因为你的书，我们是不会要他的。"我又吃惊又有些震撼，低声说了些鼓励的话，借着探身看宝宝拭去眼角的泪水。谁不会被这种情景打动呢？

然后，这位名叫多米妮克的新晋妈妈讲述了她的经历。去年这个时候，多米妮克进入哈佛法学院和塔夫斯大学的联合学位项目，刚开始第一个学期。在那时，她偶然翻到了我的书，她和她的丈夫读过之后，生活规划就完全变了样。

他们刚刚结婚，原本打算等多米妮克完成学业、事业起步以后再要孩子。用她的话说，"读了《创造生活》以后，我意识到两件事情：也许我不应该等到三十好几才开始要孩子，因为我想要两三个孩子，等得太晚恐怕会出岔子。我还意识到，等待'最佳时机'是很愚蠢的做法。从来都不会有'方便'要孩子的时候。所以我打开了思路，意识到读书期间的日程可以灵活安排。我是说我们手头虽不宽裕，但我们既没有严苛的工作安排，也没有专横跋扈的老板，很多事情都比较好安排。"

她低头看了看宝宝，而纳撒尼尔正在此时打了个嗝，眨了眨眼睛，咧开还没长牙的小嘴，露出一个美妙的笑容。多米妮克脸上笑开了花，说道："他很可爱吧？"这句话似乎很是多余，我们都笑了起来。

在解释《创造生活》为什么会给女性的生活带来如此影响之前，我想先回顾一下这本书在 2002 年春发行精装版时的情形。当时媒体的反应十分不同寻常。

在出版日期两天之前的 4 月 7 日，《时代杂志》发表封面文章报道了本书，"60 分钟"节目也对它做了专题报道，这在那个周末一石激起千层浪，将本书抛到了舆论的风口浪尖。参与报道的媒体非常多，《人物》和《纽约》杂志，甚至连《哈佛商业评论》都发表了封面文章。新闻主播亚伦·布朗、汤姆·布罗考和彼得·詹宁斯都将这本书作为重要新闻报道。我还上了《奥普拉脱口秀》、《ABC 访谈》和《今日秀》等节目。重头戏是 4 月下旬的《周六夜现场》节目，连我带书一块儿开涮，证实了《创造生活》在某种程度上成为当时的热门话题。

到 7 月中旬，我已经收集了近 2000 份剪报。新闻报道来自世界各地——伦敦、棕榈滩、圣保罗、芝加哥、巴黎、剑桥、耶路撒冷、悉尼、格拉斯哥、多伦多和罗马，报道的广泛性证明这本书在全世界都称得上是反响如潮。

为什么会引起这么广泛的关注和报道？如此的喧嚣又与什么有关呢？

首先，女性朋友们之所以认为这本书引人入胜，是因为这本书给了她们"武器"，提供了相关信息和积极进取的精神，使她们能够从生活中有所收获。正如苏珊·希拉在《纽约时报》的评论文章中所说："从本质上说，《创造生活》是在尝试帮助女性思考怎样获取她们的目标。"

本书提供的数据和人生故事大大激发了人们的斗志，因为它们绘制了一幅"路线图"，可以引导女性（不管她是 28 岁还是 38 岁）对自己的生活做出更明智、更慎重的决定。书中关于生育的最新信息帮助女性理解辅助生育技术的真正问题所在，以及在 42 岁出现生育奇迹的可能性究竟有多大。更重要的是，关于职业道路和利于照顾家庭的职业方面的最新有效信息，能够帮助女性认识到职业选择的形势好得令人出乎意料。你知道美国有近 30% 的雇主为平衡工作和生活提供弹性工作制、缩短工时、工作分担制等诸如此类的实质性帮助吗？如果你想要兼顾家庭和工作，为什么不去寻找提供这些支持的雇主呢？研究表明，这对女性能否平衡事业和家庭会产生显著影响。知识就是力量，这虽是老生常谈，却又千真万确。掌握关键信息的女性，在对待自己的身体和挑选老板方面，都会更加明智和明确，从而更好地去圆自己的梦。

但是，我谈论的不只是信息，还有态度。女性想要拥有一切：爱情和工作、事业和孩子，这种想法在我们的文化中普遍被看作不得体或太贪心。我们如何战胜如此盛行的思维模式呢？在本书一开头，我就开门见山地提出了这个问题。社会上有一种有偏见的观点认为，在生活中处处作出牺牲的女性才能被称为女人。还记得吗，当希拉里·克林顿在发起医保提案时，她的支持率大幅下降；而当她因为丈夫的性丑闻蒙羞时，支持率又一路飙升！

我无法告诉你有多少个我所采访的职业女性在说起她们想要拥有一切时面露愧疚，这种情况总是让我无名火起。我想说，这些女性又不是在坐等施舍，不管是在事业上还是在家庭方面，她们都愿意去承担超出情理之外的工作。那么，她们到底为什么不能感到自己更有资格、更理应得到一切呢？

在现实生活中，大部分女性的确需要因不利地位而作出妥协，真是很难想象拥有怎样的毅力和帮助才能在生活各方面都取得尽可能多的成就。我所说的拥有全部并不是指什么都要，确切地说，是拥有最基本的东西。正如我要表明的，对大部分女性（确切地讲是86%）来说，基本的东西归根到底就是工作和家庭。用辛迪（第七章中的主要人物）的话来说：

> 当我说我什么都想要的时候，男人们总是指责我太贪婪。其实我说的并不是那些可有可无的东西，而是最基本的需求：爱情和工作。哪个正常人不想要呢？现在，如果我的目标是成为"财富500强"企业的CEO，也许我必须在事业和孩子两者中做选择。但是，我的人生规划是养育两个孩子，同时在中级管理人员中有一份兼职工作。这听起来难道不合理吗？

前　言

　　从媒体对《创造生活》的反应来看，鼓舞斗志可以说是一大主题，但不是唯一主题。我发现，各种脱口秀节目和评论专栏中表现出来的反馈让人感觉更加难解，不知如何应对，因为它掺杂了太多的痛苦。对一些女性而言，《创造生活》切入了她们深藏心中的巨大痛苦和愤怒。一群年龄在三四十岁左右的女性不愿接触我的书，因为她们无法面对书中所述，那正是她们日思夜想的苦楚。她们知道，这本书会让她们更加为曾经错过的人生大事追悔莫及。"我再也不能要孩子了，这样的损失已让我痛心入骨，"一位 43 岁的女性告诉我，"为什么我要读这本书呢——绝对不要。"

　　因为我有机会和这位 43 岁的女性对话，所以我得以为自己正名。我告诉她，这本书讲的都是有胆识的职业女性，她们在四五十岁的时候还在寻求"精神食粮"。其中有一位挽救了一支乐队；另一位开了一家画廊；还有一位选择做单身妈妈，领养了一个中国女孩。我告诉她，写这本书是为了帮助我们所有人去过自己的生活——无论我们最终能否有孩子。此外，《创造生活》帮助我们鼓起勇气，与长时间工作的企业文化作斗争，这种文化日益束缚住我们，耗尽了我们的活力。

　　当我与这位女性，以及其他有着类似想法的人交谈时，我再度感受到了我们文化中的某种"黑暗之心"。这些成功的职业女性想要兼得爱情和事业，我们却设置了那么多难题，以至于她们会觉得难以坦然承认自己对于亲情、伴侣和孩子的渴望。如果你连需要什么都无法承认，那么获得也就变得极度困难！男人就可以直白地说出他们对浪漫关系的需求，而女性不能。这在某种程度上会暴露她们的软肋，令她们极为脆弱。

　　最后，卡萝尔·吉利根说得对。在纽约举行的一次活动中，她主持了一场关于本书的讨论。她对听众说，《创造生活》的真正意义是，它"打破了由来已久的静默"，女性得以发声，向全世界畅言自己的渴望和梦想。最重要的是，本书鼓励女性倾诉自己的经历和办法。本

创造生活

书讲述了大量充满激情、火热灼人的生活故事，其目的只有一个：帮助女同胞们过上真正充实丰富的生活。所以，请拿起这本书，看看这些勇敢的女性的发言。无论你的年龄多大，也无论你身处何方，这些声音将给你的生活带来在某种意义上的正能量。

我还要说最后一点。这本书有大量篇幅致力于解决问题——女性个体如何重新驾驭自己的生活，以及政府和企业如何能让职场中人感受到更多的照顾与帮助。在我看来，《创造生活》所能带来的最大好处，莫过于在政策制定方面产生适当的引导作用。这本书出版一年以来，从高盛集团到华盛顿与李大学，各行各业的很多机构都邀请我，去帮助它们制定新一代的工作和生活保障政策，从而正面解决美国的加班文化。2002 年 9 月，我应邀去伦敦协助开展英国的"工作与生活平衡周"活动。在主题演讲中，我概述了一个"五点计划"（直接取自本书），此计划描绘了下一代工作和生活保障政策，能让女性拥有更多的人生选择，至少能达到男性的现有待遇。那天，我站在克拉瑞芝酒店的讲坛上，看着比肩继踵的各界要员们——有的来自政府，也有的来自私营企业和女性领导力组织——我意识到《创造生活》这本书已经展现了它的影响力。这本书如此打动人心，引起了如此强烈的反响，迫使当权者加以关注，哪怕只是动一下做根本性改变的念头。对此，我感激不已。

西尔维亚·安·休利特
2003 年 8 月于纽约

鸣　　谢

我对家人心怀最深切的感恩之情——我的丈夫理查德·韦纳特和我的孩子们：希拉、莉萨、大卫、亚当和埃玛。在过去三年中，每到关键时刻，他们无私的爱总能成为我的精神支柱和力量来源。

我还要特别感谢这个项目的创立者。哈佛大学的"公共生活重要性研究中心"给我提供了合作机会并授予我研究员职位，让我得以深入研究包含在本书中的诸多理念。同时，安永会计公司、默克集团、安妮·E. 凯西基金会，以及大卫和露西尔帕卡德基金会提供资金，资助了"高成就女性，2001"调查和其他辅助性研究，丰富了本书第二章的内容。我还想感谢哈里斯互动调查公司，他们高效地完成了本次调查。

我的作品经纪人 Molly Friedrich 以其技艺和决断力帮助本书通过生产的阵痛，得以顺利诞生。米拉麦克斯图书出版公司的 Tina Brown、Jonathan Burnham、JillEllyn Riley、Danielle Mattoon、Hilary Bass 和 Kristin Powers 组成的"团队"，不仅提供了编辑技术，还提出了睿智的忠告和慷慨的支援。

我在"工作生活政策研究中心"和哥伦比亚大学国际和公共事务学院的同事们慷慨给予了时间和关注，对他们我心怀感激。其中，尤其要感谢我的同事，也是我的老朋友 Peggy Shiller。

很多学者、分析家、活动家和亲朋好友无私分享了他们的理念和经验，令我铭感五内。他们包括：Enola Aird、Nadine Asin、Mary Jo

创造生活

Bane、James Barron、Olga Beattie、Chris Beem、Lisa Belkin、Darel Benaim、Lisa Benenson、Tessa Blackstone、Ed Blakely、David Blankenhorn、Raina Sacks Blankenhorn、Rick Bobrow、John Buehrens、John Mack Carter、Sharon Chantiles、Ellen Chessler、Susan Chira、Forrest Church、Brent Coffin、Dan Cohen、Jim Cox、Flora Davidson、Paula Dressel、John Eatwell、David Elkind、Judy Farrell、Katherine El Salahi、Tim Ettenheim、Madalina Dumitrescu、Sandy Feldman、Judith Flores、Al Franken、Marc Feigen、Nancy Folbre、Jenny Fielding、Judith Friedlander、Lucy Friedman、Maggie Gallagher、Ellen Galinsky、Mary Ann Glendon、Claudia Goldin、Valerie Grove、Sue Gronewold、Karla Hanson、Lisa Harker、David Harris、Heidi Hartmann、Deborah Epstein Henry、Patricia Hewitt、Jody Heymann、Jean Hewlett、Abby Hirsch、Sarah Holloway、Deborah Holmes、Judith Jadow、Phil Johnston、Enid Jones、Heather Joshi、Bernice Kanner、Helen Knight、Greta Knowles、Dan Kramarsky、Pam Laber、Livia Lam、Jacqueline Leo、Helen Levine、Anne Lonsdale、Katherine Lord、Kathy Lord、Carolyn Buck Luce、Jessye Norman、Linda Mandell、Dana Markow、Bonnie Maslin、Ann Mongovan、Mary Mulvihill、Margaret Munser、Nancy Nienhuis、Sylvia Olarte、Renée O'Leary、Ursula Oppens、Betty Palmer、Sam Peabody、Marina Piccinini、Becky Popenoe、Shari Popkin、Sylvia Poppovic、Chris Powell、Ken Prewitt、Nancy Rankin、Paula Rayman、Sarah Rees、David Richardson、Dick Robinson、Tim Melville Ross、Paul Sacks、Mark Sauer、Diane Sawyer、Juliet Schor、Eleanor Sebastian、Bob Shnayerson、Jim Speros、Maggie Simmons Ruth Spellman、Theda Skocpol、Marilyn Strathern、Jim Steyer、Ellen Stein、Humphrey Taylor、Laurie Taylor、Matthew Taylor、Sarah Thomas-James、Margot Waddell、Jane Waldfogel、Michael Waldman、Judy Wallerstein、Amy Wallman、Linda Waite、Chris Wasserstein、Thelma

鸣　谢

Weinert、Dede Welles、Cornel West、Joan Williams、Ira Wolfman、Ruth Wooden 和 Marie Young.

Janet Mims、Ed Napier、June Rousso 和 Sally Wilson 在编辑和研究方面提供了弥足珍贵的帮助。而 Norma Vite-León 的量化统计和分析工作也相当了不起。Marthe Abraham、Ada Domenech、Betsy Echevarria 和 Andrea Parker 为我的家庭做出的重要工作。几乎没有作家拥有如此忠心的支持，对此我感激不尽。

最后，我想感谢所有的受访者——大部分是女性，也有男性。这些访谈使这本书有了灵魂，有了生气。我尤其要感谢第一章中提到的"有为一代"女性，她们容许我讲出她们的故事，帮助年轻一代女性抓住时机，创造爱情和事业两全的生活。我发自内心地感谢她们。这些故事构成了一代人赠予下一代的最珍贵的礼物。

西尔维亚·安·休利特

2001 年 12 月于纽约

原版前言

写这样一本书并非我的初衷。实际上，我原来计划写一本全然不同的书，是本关于将在千禧年迎来知天命之年的女性们的访谈录。我最初的想法是刻画一些栩栩如生的面孔，以祝贺"有为一代"（breakthrough generation）所取得的成就，她们是第一代能够打破壁障的女性，在曾被男性统治的领域中，她们占下了一席之地。

从 1998—1999 年的那个冬天，我开始采访这些女性，[1]问题主要围绕特定的主题：女权主义对这些女性的成功有怎样的帮助？她们有强大的引导者吗？她们用什么策略打破了玻璃天花板？但是，当我接触到这些女性时，这些主题就被放在了一边，因为我发现了一个不同寻常的问题：她们全都没有儿女。霍利·阿特金森、玛丽·法雷尔、朱迪思·弗里德兰德、查伦·马丁、杰茜·诺曼、休·帕尔默、莉萨·波尔斯基、黛安娜·索耶、温迪·沃瑟斯坦和帕特里夏·威廉斯，我选择采访她们，并不是因为她们没有孩子。我只是在寻找各个领域中表现出色的女性，结果却发现她们都没有孩子。所以，我又回头去问这些明摆着的问题：这些女性当初想要孩子吗？如果她们想要，那她们怎么会没有孩子呢？

起先，她们回答问题时心怀戒备，甚至闪烁其词——这些女强人精心维护着公众形象，不愿轻易透露她们的私人生活。我巧妙地让问题听上去很舒服。但我发现，先讲述自己的故事效果最佳。我由于年纪太大而无法怀孕，经过四年的奋战，终于在 51 岁怀上了宝宝。我的

1

故事让她们瞠目结舌，而后畅怀大笑，进而寻根究底，这往往会让我们展开更为坦率真诚的交谈。

一旦我调整了采访重心，另一个惊人的问题就浮出水面：这些女性中，并无一人甘愿不要孩子。她们不会说："经过慎重考虑，已经30岁的我决定不要孩子，打算把我的一生献给宏大的事业。我想得到名气、权力和钱，至于要孩子，也只能轻轻放下了。"她们是不会这样说的。相反，她们多次提到，因为工作太累，丈夫也不省心，所以才来不及要孩子。朱迪·弗里德兰德是美国新学院大学研究生院的主任，她把没有孩子称作"不知不觉就已走到了末路"。她的意思是说，从30多岁直到40出头，工作上的束手束脚和感情上的一波三折，不知不觉就让你失去了生孩子的机会。

听到这些，我感到非常吃惊。去采访之前，我原以为，这些成功的女强人膝下无子必定是她们自己的选择。我完全准备好去理解她们：高强度工作带来的兴奋和挑战很容易让人作出不要孩子的决定。事实却远非如此。当她们谈到孩子的时候，失落之情溢于言表。从她们的表情中、她们的声音里、她们的言辞上，处处都能感受得到。

事后我问自己，为什么我会觉得这些女性能把孩子这样的人生最大喜悦轻易就放弃掉。毕竟，男人是不会这样做的。鲁契亚诺·帕瓦罗蒂的事业辉煌，但并不意味着他没有老婆孩子。事实上，前后两任妻子都为他生过孩子。那么，为什么杰茜·诺曼不能拥有同样的多彩人生呢？

随着这些访谈的进行，我发现了其中的情感相当复杂。在这些女性中，有些人将膝下无子归咎于事业，有些人责怪男人，还有许多认为责任在于自己。有些人陷于极度痛苦之中无法自拔，其他人则苟且于另外一种生活。但是，她们都是想要孩子的。

听着她们的故事，我印象最深的是其中的种种不公平。我觉得有必要弄清楚，为什么这些成就非凡的女性会在家庭问题上面临如此痛苦的选择。就是在那时，我改变我的创作计划，也就有了《创造生活》。

第一章汇集了很多来自重要岗位的故事。律师、学者、银行家、记者和医生，她们的访谈描绘出了我笔下的第一代"高成就女性"（见注释 2 – 1）。她们中最为典型的就是剧作家温迪·沃瑟斯坦的故事。不管是剧作还是她自己的生活，温迪·沃瑟斯坦都把"有为一代"的焦灼与纠结表现得淋漓尽致。用她的话来说："我觉得写下来会让这些事情变得更容易接受。所以我让霍利、詹妮、海蒂和朱迪思先体验了一遍这种生活。"但正如我们所见，尽管沃瑟斯坦在笔下早有先见之明，她的人生之路却并未能够稍稍平顺一点。像我们这些人一样，她同样苦于年龄太大而无法生育，发现年近五十才要孩子真是千难万难。

第二章列举了来自美国和其他发达国家的数据，与前一章中那些生动的故事前后照应。这一小群女性能代表她们这一代人吗？答案是非常肯定的。第一章里专访的这些女性要么名气很大，要么收入极高，所以她们与众不同。但是，她们中有很大比例没有孩子，所以在这个关键问题上，她们都能代表"有为一代"中的高成就女性。这些杰出女性跨越了障碍，冲破了玻璃天花板，却发现要孩子变得难比登天，甚至不可能。

第二章还讲述了下一代人的境况。令人难过的是，中年女性所面临的艰难抉择同样困扰着今天的年轻女性。事实上，与年长女性相比，年龄在28—40岁之间的女性似乎更加难以完成事业和孩子的平衡。

当然，在这两代人中，也不是每个人都想要孩子。有一小部分——14%左右——选择不要孩子，但这并不是本书的内容。我关注的是数以百万想要孩子的女性，她们没要上，或者再也要不上了。

第二章还花了大量笔墨总结了现有的资料，并介绍了一项调查结果，这项全新的调查叫作"高成就女性，2001"，是我在2001年1月完成的。[2]正是有了这些新的数据，我得以回答下面这些问题：在平衡工作与生活方面，高成就女性与同层次男性有怎样的差别？35 岁的人能比 45 岁的人当年更好地平衡事业与家庭吗？女性创业者会不会比职场规则更加严格的女员工做得更好呢？与白人女性相比，高成就的黑人女性同时拥有事业和孩子的可能性，是更大还是更小呢？职场保障政策很重要吗？如果高成就女性在工作和生活之间，可以有很多选择的话，她们会不会有更多的机会兼顾事业和家庭呢？

第三章探讨了一个重要因素，这个因素也许最能解释为什么如此多的高成就女性没有孩子：我所采访的女性将之描述为"高层次"职业的需求与限制。第四章关注杰出女性在婚姻方面遇到的困难。第五章探讨了大龄女性在生育方面所面临的挑战。很明显，如果你是一位职业女性，在为事业打拼的同时，还要谈一场马拉松式的恋爱，那么等到你认真考虑要孩子的时候，你很有可能会错过 35 岁——那正是生育能力开始下降的时间节点。尽管有媒体的大肆炒作，但最新的生育技术仍还未能解决 40 多岁女性的生育问题。

以上是本书的第一部分，呈现了今日之高成就职业女性的生存状况，展示了成就一番事业需要何等严酷的代价，男女关系的不对等现象，以及过晚生育带来的问题，这些都使得生儿育女难上加难。这就是朱迪·弗里德兰德所说的"不知不觉就已走到了末路"。

在第二部分中，本书提出解决方案，给出了两条不同的策略。首先，我提倡社会态度和个体行为的转变。年轻女性要多关注个人生活，才能重新掌控人生，并扭转不利局势。第一部分的分析表明，时间是关键。如果高成就女性能够在 20 多岁或者 30 出头把寻找伴侣作为头等大事的话，就不会觉得兼顾事业和孩子显得那么可望而不可即了。

关键是要有意图地关注自己。因为，如果只关注事业而让个人生活顺其自然，那么你的家庭就极有可能被完全忽视。48 岁的凯瑟琳·帕尔米耶里是一家顶尖的高管猎头企业——"光辉国际公司"的总经理，她对年轻女性提出一条非常实际的忠告："问问你自己，45岁时，什么能使你快乐。尽早问出这个问题，这样你就有机会得到你想要的。要学会像对待你的事业一样，有策略地对待你的个人生活。"[3]

当然，如果职业没那么多严苛的规矩，没让你疲于奔命，那么多在意点婚姻和孩子会容易很多。这让我想到，还应该有第二套关注职场的策略。

过去的15年来，我一直致力于促进有利于家庭的工作环境。不管是世界500强，还是小型非营利组织和创业网络公司，我都为它们设计过保障政策。在本书中，我提出了一个有力的见解：对想要兼顾家庭和事业的职业女性来说，常规的企业福利是远远不够的。无论企业经理、律师、医生还是教授，只要她胸怀大志，那么工作时间一定会很长，竞争压力一定会很大，以至于即便是最优惠的福利（比如弹性工作制和育儿津贴）也无法解决她们生活中时间冲突的问题。高成就女性最需要的两个条件目前还无法实现：缩短工时的工作和可以中断的职业。政策分析师南希·兰金指出，目前打造的职业公路上有很多"出口"，但几乎没有"入口"。我们需要重新界定，或重新设计这条公路，以便职业女性退出一段时间后，还可以重返职场。对于女性的事业和孩子能否兼得，这一点至关重要。

这听起来很不现实吗？我不这么认为。我在第六章中指出，雇主们很想赢得当下的这场人才争夺战，并且也准备拿出一些更有力的措施来留住雇员。马克·费根是卡岑巴赫咨询公司的经营合伙人，他说："尽管经济有些疲软，但对高质量职业人才的争夺依然很激烈。人才是我们的首要资源，招募和留住最优秀的人才是我们的第一要务。因此，我们要制定出新一轮政策，更好地保障女性的生活。"[4]在2001年1月的调查中，受调查的女性针对时间冲突问题提出了一些极有创造性的解决方法，将在第六章和第七章中详述。

以上这些都令我思忖良多。鉴于《创造生活》的主题，读者尤其

创造生活

需要知道我的个人情况，以及我会带给这本书怎样的体验和价值观。毕竟，这是一本关于女性如何看待要不要孩子的书，想象不出还会有比这更令人激动和痛苦的事情了。事实上，在为这本书进行采访时，我不断惊讶于接触到的情感是如此真挚丰富，我自愧不如。

因此，本着开诚布公的精神，我愿意讲述我是如何应对这些问题的。我请求别人揭下个人生活的面纱，似乎我也必须如此，这样才显得公平。

简单说来，孩子是我生命中永恒的最爱。23 年来，我经历了当代母亲所能经历的一切。

· 生孩子
· 失去孩子
· 帮助抚养继女
· 流产及早产
· 与年龄导致的不育症做斗争
· 面对职场的起起落落

和许多大龄妈妈一样，我的孩子也是得来不易。除了 31 岁时生的长女莉萨以外，我的孩子无一不是历经险阻才来到了这个世界的。从 30 多岁以后，我发现不管是怀孕还是足月生产都越来越难。在生下大卫、亚当和埃玛这三个孩子之外，我经历了双胞胎的夭折和两次流产，以及年龄导致的不孕不育。祸不单行的是，这些年中，我作为大学教授和智囊团主管的两份职业，都被迫丢掉了。

这些经历让我对本书中提出的问题有着最深刻的体察，我在一生中最大的困难全都围绕着生育和孩子。我能够亲身体会到，残酷的职业代价是怎样把做母亲的希望摧毁殆尽的，我也能懂得为人母的喜悦和责任又是如何让前途变成泡影的。这本书中讲述的诸多权衡和取舍，都是我在生活之中亲身体验过的。

还是让我们从头说起吧。

我和家里五个姐妹在英国南威尔士的一个采矿社区长大，那里思想封闭，失业问题严重。我童年的记忆充满了令人压抑的影像，20世纪50年代的矿区看起来像是为工业革命拍摄的电影。我还记得和祖父散步时，我瞪圆了眼睛，好奇地看着关闭的煤矿、废弃的矿渣，以及山坡上层层叠叠、摇摇欲坠的房子。甚至连遍地的羊群也看起来脏兮兮、老态龙钟的。羊毛上粘满了煤灰，与我的皮肤和衣服一样。到我十几岁的时候，矿井被大规模地关闭，很多留下来的矿井和轧钢厂也停工了，失业率暴涨到20%。

我的爸爸是一位教师，他是一个魅力十足、不循规蹈矩的人。一旦他接受了不能有儿子的现实——我还记得他得知45岁的妻子生下第六个女儿时惊骇的样子——他就开始了教导和培养自己的女儿们。从很小的时候，我们就无数次地被告知："婚姻不是你们生活的出路。"我父亲其实只是不希望我们嫁给失业的矿工，或者在伍尔沃思连锁店工作。在女权主义流行以前，他已经有了这种意识，并极力告诉我们一定要好好读书，走自己的人生道路。

我13岁的时候，父亲带我去参观了剑桥大学。父亲让我看到了剑桥的优雅美丽，并告诉我如果我努力学习、志向远大，我就可以考上剑桥并改变人生。回想起来，我真吃惊于他居然敢这样想。为什么父亲会相信我可以考入这所精英大学？毕竟，我只是一个操着浓重工人阶层口音的小孩，在我就读的学校里，80年都出不了一个能上剑桥的学生。

父亲那些不知从何而来的信心和勇气感染了我。我把目标定为剑桥，狠下苦功，准备考试。四年以后，我侥幸通过考试。父亲说得没错，剑桥大学的教育的确大大拓展了我的人生。

我在剑桥的成绩优秀，毕业后获得了哈佛大学的肯尼迪奖学金。接着，我完成了经济学博士学位。1974年，我决定在美国定居，成为哥伦比亚大学伯纳德学院的经济学助理教授。两年以后，我和理查德·韦纳特结婚，他是位商人，当时 30 多岁，离婚并带有一个孩子。直到后来，我才意识到，爱上这样一个可爱的人对我来说是多么幸运。我并没有先见之明，初次见面时，我只知道我已被他的活力、聪明和对生活的热忱俘获。那时，我并没多考虑，这位原来是学者身份的企业家能否成为一个把家庭放在首位的男人。但神奇的是，他就是这样的人。我们共同度过的数十年中，他对来之不易但格外出色的孩子们和难伺候的妻子，从来就不吝支持与肯定，并为之投入大量才智。

还是回到我的故事上来吧。1977 年，理查德和我有了我们的第一个孩子。莉萨是我们特别期待的孩子，我们非常高兴有了一个漂亮、健康的女儿。可是，女儿在最初的几个月出现了意外的困难，伯纳德学院又不允许新职工休产假（不管带不带薪）。分娩后才十天，我就不得不回去工作，莉萨出生的喜悦很快就消失在纷繁的忙碌中，而更多严酷的挑战接踵而来。

两年后，我失去了已经怀了六个月的双胞胎。这次流产不折不扣地发生在工作岗位上，当时我坐在办公室里，长达十个小时的工作让我疲惫不堪。而此时，液体开始顺着我的腿细细滴下。一开始我昏昏沉沉的，不知道发生了什么。没一会儿，滴水变成小溪，我恐惧地意识到羊水破了，而分娩对 23 周的身孕来说为时太早。当时，我的靴子里装满了水，我办公室的地毯上也被浸湿了一大片。我蹒跚地来到走廊，发现整栋楼里只有我一个人，我浑身颤抖，呜咽着穿过又冷又黑的校园，来到百老汇大街，羊水还在滴个不停。我拦了一辆的士，让司机把我送到莱诺克斯山医院。

几个小时后，一位面目冷酷的产科医生告诉我，如果我还没有宫缩，而且如果羊水流光了，保住孩子的可能性就微乎其微了。更可能的后果是，我会在接下来的 48 小时内自然分娩。考虑到他们的大小（每个孩子大概一磅），他们没有活下来的可能。

我在医院硬邦邦的床上躺了两天，好像挣扎在地狱的边缘。在惶恐不安之中，我向无名之神祈祷，保佑我的孩子。医生为我做了超声波，发现两个孩子不但都活着，而且还在看似足够的羊水里漂着。我欣喜若狂。但是，第三天早上，我醒来后发现下身有硬硬的、奇怪的东西出来，一看是脐带，已经毫无生气了。脐带又干又硬，像是枯萎的茎秆，没有可能再把血液传给孩子了。双胞胎中有一个已经死掉了。我疯狂地按铃叫人，然后所有人都忙了起来，护士、医生带着担架来了，我被快速送往分娩楼层。"你们在干什么?"我喊道。"另一个孩子还活着。"其中一个医生耐心地解释说，他们也没有选择了，只能引产。死婴留在子宫里会引发感染，威胁我的生命。因此两个胎儿都得引产。一个已经死了，另一个也保不住。我在病床的铁栏杆上撞着我的头，叫他们不要碰我。最后还是理查德说服了我，告诉我已经没有选择了。他说，孩子还可以再要，但是我只有一个。

那天上午，我开始了一个"正常"的、长达十四个小时的分娩。我紧闭眼睛，塞住耳朵，不想看到或听到已经死去和也会死掉的孩子。但是，我能够感觉到他们暖暖地、湿淋淋地贴着我的大腿。虽然我的产科医生告知我自然分娩（也就是不用麻药）会更快更安全，但我至死也不会明白，为什么他不能或不愿给我麻醉，让我免遭这无谓的痛苦。

后来，很长一段时间，生活真是让我无法忍受。我的胸部胀痛，充满了乳汁，本该是哺育死去的孩子的。几个星期以后，我的乳房还在滴渗乳汁，不断提醒着我惨痛的事实。但是，我根本不需提醒，对孩子的哀痛是如此的强烈，让我自己都感到害怕。除了悲恸以外，我还陷入了深深的自责中。如果那时我能从工作中抽出些时间，如果那时我有勇气丢下工作，孩子可能就会有救。我认为我没能保护好我的孩子，因此我对自己没有丝毫的怜悯。

具有讽刺性的是，我还是失去了我的工作。失去双胞胎一年半以后，伯纳德学院拒绝授予我终身教职，我不得不离开了我所热爱的、并为之付出巨大牺牲的工作。尽管我有突出的成绩,哥伦比亚大学的特设委员会还是否决了我的教职,理由是我为工作投入得不够。用一位委员会成员的话说,我"让生育分散了我的注意力"。我真希望自己能在 20 世纪 30 年代入职伯纳德学院,当时的院长弗吉尼娅·吉尔德斯利夫非常理解平衡的生活的重要意义。她在 1937 年写道:"我们的教员,无论男女,都不应该被迫过着独身的生活,不应该远离婚姻和亲情带给人们的快乐和悲哀、阅历和睿智。"

两年后,我和理查德又有了一个健康的孩子,可怕的失败感逐渐淡去。可是,在 1979 年那个黑色的冬天,我的生活重心和观念被永远地改变了。我明白了一个事实,照顾孩子常常会与工作安排起冲突。

双胞胎的死使我意识到,帮助在职父母的福利政策具有深远的重要意义。如果我当初能够休一段"产假",那对双胞胎或许能活下来。但是,当时的伯纳德学院不提供对家庭有利的福利政策,女权主义的大本营根本就不会看到这种需求。事实上,我做了各种努力去组织一个委员会,敦促推行产假政策,但没有成功。在那个年代里,职业女性刚获解放,理应"像男性一样展示竞争实力",而我的倡议倒有点像是某种特权。

从我个人来说,我用了好多年才能填补上孩子胎死腹中留下的心理空洞。我相信这是我和理查德又多要了几个孩子的重要原因。

30 多岁的我,职业固然是没保住,甚至连个人发展都被迫中断了。离开伯纳德学院以后,我担任了经济政策委员会的常务理事,那是一家由 100 位商界和劳工界代表组成的私营智囊团,主要商讨一些尚未解决的政策问题。尽管经过争取,我的工作时长缩短了一点,但在 1985 年,我的孩子们还小,我很清楚这份高调的工作带来的压力越来越大,使孩子们的合理需求无法得到满足。我开始变成一个疲惫不堪、三心二意的妻子和妈妈。我五岁的孩子上幼儿园的前三天,有两天我都需要赶早晨 7 点半的飞机去华盛顿出差,这时我怎么可能帮助他应对分离焦虑呢？我已分身无术，必须去掉点什么。于是，我辞掉了工作。那天，我就这样走进去，辞掉了这份优越的高薪工作。当时，我尽量多想积极的方面。毕竟，我是可以选择的。我丈夫的收入足以让我们过得不错，所以我就没必要拼命赚钱了。除此之外，我还很幸运地拥有一个可行的备选方案：我可以在上一本书成功的基础上，在家写作，这是一份与家庭生活不矛盾的职业。但是，令人痛苦的遗憾还是隐隐作痛。

我在 39 岁生日那一周辞了职，搬出了位于东 42 街的大办公室，我知道我在自找麻烦，我原本"男性"的、正规的职业就此结束。就算我成为一名成功的自由作家，我也不可能成为一个前途无量、挣得大把钞票和显赫头衔的人物了。但是，我知道必须要做的事情。我回到家，重整旗鼓，开始了作为作家和活动家的新事业。我利用零碎时间工作，极少出差，用大量的时间来照看孩子们。

还记得刚过 40 岁的那几年，待在家里的我禁不住会想，我可能会"褪变成我的母亲"，她是一位有才华的艺术家和教师，但她渴望独立的梦想被照看孩子的琐事消磨殆尽。从 26 岁有了大女儿，到 56 岁时最小的老六上了中学，我妈妈忙得连洗澡的空都没有，更别说为自己谋划点儿什么了。在我记忆中，最深刻的就是妈妈整天奔波于家和学校之间。

在我 9 岁的时候，我们家搬到了一条主干道旁边。我们上的小学大概在一英里以外，通往学校的路要穿过好几条马路，车辆很多，非常危险。当时还没有护送学童过街的协警，也没有校车或是学校午餐，我们家也没有车。所以，每天早上 8:45、中午 12:15、下午 1:30 和 3:15，妈妈都要步行接送我们上学放学。这段路妈妈要来回走八趟，婴儿车里还推着最小的孩子。

回想起来，我为这种持续的、沉闷的节奏感到震惊。妈妈是如何抽时间打扫、购物和做饭的呢？更不用说绘画了。那样来回地走不可能有丝毫乐趣，在威尔士，经常会遭遇冰冷猛烈的大雨，每周都有好几次，我们到家时袜子湿透，冷得牙齿打战。可是大部分时候，妈妈都很乐观和愉快。每天中午 12:15 和下午 3:15，她看到我们总是非常高兴。我们向她跑去，急切地和她分享我们的画或者校园里的八卦。在 11 岁时，我从小学升到了文法学校，但是四个年幼的妹妹还是原样。于是，这样的往返，妈妈又走了 12 年。

1843 年，伊丽莎白·卡迪·斯坦顿曾对记者说："这句话要用大号字标注：自我发展远不止于自我牺牲。"说到母亲的自我牺牲，还有比我妈妈去学校的往返更好的例子吗？因此，身为要养育三个孩子的母亲，我吓傻了。我一直认为，女权主义最有价值的贡献就是让女性认为不光要照顾好别人，照顾好自己也是符合道义的。倒不是说女权主义思想就是个万能药，但对我们大部分人来说，维持好自己和别人之间的平衡实在太难了。

对我来说，取得平衡等同于下定决心，坚持住自己的职业选择。尽管我主要待在家里，大部分时间要花在孩子身上，但在专门留给写作的时间里，我工作得非常努力。晚上，我经常会"偷"用凌晨 12:00 到 2:00 的两个小时。我学会了在出租车和公交车上写作，而且还会在孩子们看动画片《大红狗》时集中注意力干自己的事儿。

经过这样努力，在 20 世纪 80 年代末到 90 年代初，我写了一系列关于女性、孩子和公共政策的书，如《美国妇女的生活》《当树枝折断》和《富裕国家里被忽略的孩子》。这些书使得我在如何更好地帮助美国家庭的大讨论中有了发言权。让我很高兴的是，我被越来越多的私人企业和政府部门邀请去帮助它们制定福利政策。

重新启航的事业让我有了更多时间，而且获得的极大成功给了我勇气，去追寻存在已久的梦想——在为时太晚之前再要一个孩子。我完全知道这有多难。那时，我已经 45 岁左右了，这个年龄会造成不孕。我还说服我丈夫，因为他难以明白为什么我都这把年纪了还想要孩子。1993 年年初，经过一段长期的推心置腹的交流，我最终说服他接受了这个计划。然后，我们花了将近四年时间尝试了各种方案，难度不断加大，从刺激排卵的克罗米芬（Clomid），升级到每天注射普格纳（Pergonal），最后到最先进的试管婴儿方案。同时，我们也在得克萨斯州和加利福尼亚州寻求领养的可能性（被遗弃的拉丁婴儿似乎都在这两个州）。因此，即将绝经的女性渴望还能生一个宝宝，绝望地跟时间赛跑，这种感受我很清楚。日复一日，年复一年，我知道我快停止排卵，接近生育年龄的极限，治疗不孕不育的诊所和收养机构开始不愿接收我了（大部分试管婴儿诊所不接收 45 岁以上的女性，因为她们会降低成功率，对生意有影响）。

最终，理查德和我赢得了这场高风险、高科技的战斗。1996 年的夏天，终于有一个胚胎愿意黏附在我的子宫里。经过八个月的孕程，小埃玛终于能够出生了。1997 年 3 月 17 日，在刚过完 51 岁生日之后，我产下了宝宝。我非常感激自己如此的幸运。我清楚地知道，40 岁以后的女性尝试试管婴儿的成功比例究竟有多微小。

鉴于这段经历，我相信我特别能够理解内心深处的那种不可名状、又不合时宜的对孩子的冲动，这种冲动难以抑制。如果你已年过 40，那抓住最后时机要个孩子的想法会猛地占住你的脑袋。它会变得不可商榷，无法摆脱，凌驾于整个生活之上。

这些都是命中注定的。当代文化并没有支持或鼓励我们这样去做，试着对一位满心抱负的年轻同事解释为什么你想要个宝宝：为了在事业上另起炉灶寻求刺激吗？为了能够换尿片和在凌晨 2:00 哺乳吗？为了交付 50 万美元的学费吗？埃玛出生的时候，我的同行们特别不能理解，在一旁指手画脚，因为我原来的孩子已经不小了。这个女人在想什么？发神经吗？有妄想症吗？或者是因为婚姻或事业抑郁了？有时，我发现自己像个懦夫一样，任由同事去认为埃玛是个意外。在 50 岁生日那天，我一觉醒来发现自己怀孕了！对他们来说，这种荒唐的念头更容易接受，而真相是我喜爱孩子，觉得做母亲会让人格外的满足。

谈论我对孩子的爱并不容易。因为这样难免落入俗套，看起来自以为是，有自吹自擂之嫌。但我还是要通过讲述一个小故事，让人感受到孩子给予父母的最美好的回报。

几年前，在曼哈顿上西区的一家名为博纳伊叶舒伦的犹太教堂，我陪理查德参加圣洁日的仪式（我不是犹太人，但理查德是）。在那个特殊的节日，一位资深拉比讲了一个故事：

> 许多世纪之前，有个圣洁之人乐于侍奉上帝，每日不吝于祷告。但时过境迁，他的居处陷入困顿，人们求他多加照拂。可世间俗务愈加牵绊于他，他的生活充满了嘈杂和喧嚣，令他沮丧。因此，这位智者心生一计。他雇一助手，并托付于他一件要事。他让这个年轻的助手紧随身后，在每个整点，敲打他的肩膀，看着他的眼睛，向他提醒上帝的存在。果然，没过多久，这位圣洁之人又得以排开俗世浮尘，重沐于上帝之荣光。

在生活中，我常常感到，我的孩子正扮演着那位圣洁之人的助手的角色，时时提醒我何谓人生之要务，令我能够远离世俗的喧嚣。3 岁的孩子会拽着我的裙子，哭着跟我说她马上就要去喂鸭子，或者 23 岁的女儿会给我发邮件，问一堆急迫需要解决的、苦涩的人生问题。在这些时候，延迟或调整工作任务就变得相对容易。

显然，的确有些杰出的人能在音乐、绘画，或者打棒球等方面做到出神入化。但是，像我这样的凡夫俗子，通常要靠孩子才能"触到上帝的脸庞"。

而且，在这个市场化的世界里，这一点绝对是我们最需要的。没有什么能比"9 · 11"事件更有说服力，那天早晨的惨剧让很多人明白，我们的生活充斥着嘈杂和喧嚣，但意义甚微。我们必须要思考清楚，我们生活在这样一个社会里，在竞争、利润和贪婪的驱使下，市场化的工作一步步蚕食了以责任和关爱为基础的非市场化工作。在这场悲剧之后，我们要重拾对我们所爱之人的承诺，重下决心去寻求"核心价值之所在"。[5]在后"9·11"时代，我们或许能更加明白，我们是多么需要我们的孩子。

于是，我们就有了这本书。在我 20 多年作为母亲的经历中，那些充满激情的、令人痛苦的、亲密温柔的点点滴滴，都被我融入本书之中。写作过程中，我发现这种个人化的视角极其重要，这比其他因素更能够帮助我去建立与受访女性之间的纽带。我向她们述说我在生活中的爱恋与失去、柔情蜜意与紧张不安，这样，她们也就不好回避或拒绝我莽撞的问题了。

最后还要说一点。大部分努力获求平衡的女性都清楚，想要拥有一切绝不简单。即便目标已在眼前，就要得到生命中最美好的新生了，每天我们都还必须冒险和妥协。

我永远都不会忘记那块黑板，醒目地高高悬挂在护士站里。1997 年 3 月 17 日的下午 4 点半，那一刻永远铭刻在我的脑海中。在位于曼哈顿的长老教会医院，我被推进了分娩室进行紧急剖腹产。

我感到紧张不安，但是我禁不住去看那块黑板。上面写着新近住院患者的信息：胎龄、母龄、产程等。我看了看我的数字，有些挺正常的，胎龄 36 周，已经足月，在医学上很常见。但后面就不正常了——母龄 51 岁。排在我前面的孕妇是 17 岁，后面那个孕妇是 28 岁，这让我的年龄更令人瞠目结舌了。我和这个病区年龄第二大的妈妈相差足足 20 岁。

我记得当时又羞又急。我得知我宝贵的高科技宝宝处境不妙，她的左脚卡在了产道里，脐带也下垂脱出。医生再三安慰我，但我还是担心得要死。他们能及时把她取出吗？她受伤害了吗？在万分紧张之下，我最不希望的就是被人盯着看，或者上下打量。我想说，当时我的感觉就像是一个畸形秀的展品。我还记得，我把浅绿色的手术帽拉到脸上，遮住了眼泪，也遮住我的尊严。

但是，24 小时以后，我漂亮的宝贝平安出生了，那块黑板让我名声大噪，而我也完全能够接受。51 岁的妈妈产下一名健康婴儿，这个消息迅速传遍了这家纽约市教会医院，这对于生物钟正在嘀嗒作响的职业女性来说似乎太不可思议了。埃玛和我的产后状况都不好，在产后住院的六天中，来看访我的人源源不断：医生、护士、放射科专家、社工，而最多的是年过 40 的女人们，她们热切期盼着生育方面出现的好消息，到处寻访那些战胜不可能的人。在她们心中，似乎我本人就延长了她们生育孩子的年限。她们乐意为我庆祝，对我的新宝宝惊羡不已，为我皲裂的乳头寻找合适的软膏，帮我把花插入花瓶，这一切都让我感动得流泪，而这不只是强烈的产后激素的作用。当我一边数着埃玛的脚趾和手指，一边热忱谦卑地感谢我的好运气时，我希望她们也能够排除万难，找到办法，要上宝宝。

目　　录

第一部分　挑战

第二部分　解决方案

第一部分　挑战

第一章　来自一线的故事

　　有个秘密令人痛苦的、鲜为人知的秘密。在美国，有三分之一到一半的中年高成就女性没有孩子。[1]2001 年 1 月，一项在全国范围内对高收入职业女性的调查表明，40—55 岁的受调查者中有 33% 没有孩子。在美国企业界，比例更是高达 42%。[2]总的来说，这些高成就女性并非自己选择不要孩子。相反，绝大部分人都渴望有个孩子。的确，很多人为了要上孩子而东奔西走，付出大量的时间、精力和财力。她们经受了难以启齿的医疗程序，散尽万贯家财，事业也停滞不前，大部分人最后还是劳而无功。通过新型辅助生育技术，40 岁以上的女性中只有 3%—5% 成功地有了宝宝，其花费和付出之大自不待言。

　　女人生孩子是习以为常的事，但今日的高成就女性想有孩子为何如此困难呢？与以往任何一代女性相比，她们接受了更好的教育，薪水更高，享有的机会更多。另外，她们的寿命更长，生育孩子的选择余地也更大。可是，所有这些新的地位和能力，都没能让女性在家庭方面有机会做出更好的选择。事实上，一说到孩子，她们的选择余地似乎比以前还要糟得多。女性可以成为作家、总统候选人或者公司老总，但是，她们却越来越不能成为妈妈。

　　下面是来自"有为一代"的九位高成就女性的故事，从中我们可知这一切发生的原委。温迪·沃瑟斯坦、斯特拉·帕森斯以及其他在本章中提到的女性，都是在女权主义运动高峰阶段长大成熟的，她们奋力打拼，在事业上取得了她们母亲那一代想都不敢想的成功。结果她们发现自己付出了太多牺牲，包括没有孩子，但为时已晚。对她们来说，兼顾事业和家庭极其困难，尽管这不是难以逾越的鸿沟。现在，她们年龄已经快到50，基本上已过最佳生育期，我们可从她们身上看到她们多么挣扎。她们的故事让人感慨颇多，可资下一代人殷鉴。这样，20多岁的女性或许可以避开这些残酷的抉择，以免重蹈上一代女性的覆辙。

我并没有在暗示年轻女性们无知或者幼稚，她们懂得生活的艰辛。但她们一旦接触到资深职场女性，就必然会注意到，这些人中家庭生活丰富的屈指可数，似乎很多人都孤苦离群。让我担心的是，今天的年轻女性似乎确信，她们的境况和可选余地已有巨大的改善，认为现在的企业更好通融，男人的帮助更大，所以女人可以把怀孕推迟到40岁以后。正如一位29岁的女律师告诉我的，"七八十年代的女性先驱们为事业付出了某些特别的代价，而我们的情况就不同了，我们打算生活和事业两不误"。

但是，这份悠闲自若真的有保障吗？

我认为没有。

我们将在第二章中了解到，二三十岁的女性做着同样残酷的取舍。事实上，这些取舍较之过去反而更甚。若是对这些可怕的选择熟视无睹，那只会掩盖和遮蔽真正的难题。

因此，"有为一代"发出的呼声一定要得到倾听。她们的故事可以让年轻女性获益良多。她们的生活经历十分重要：什么会有帮助，什么出了问题。她们的情感历程也很关键：必须要弄清楚现实，当前这些女性的悔恨和骄傲到底由何而来。

让我们从温迪·沃瑟斯坦的故事说起。经过了10年的努力，她终于抓住最后时机生下孩子，怎么看温迪都是个幸运儿。1999年9月，利兹·史密斯在《新闻日报》上爆料了这个好消息。

第一章　来自一线的故事

　　最有天赋的百老汇编剧之一，最杰出的纽约市民在香奈山医院诞下女儿。这个宝宝太受欢迎了，因为温迪盼望这个孩子早已望眼欲穿。这个早产的宝宝需要在医院里多待几天（父亲的名字还没有被公布）。祝贺你，亲爱的温迪，你做到了。

　　利兹·史密斯的报道塑造了一个勇敢面对严酷现实的形象。孕龄过高引发的身体问题，导致沃瑟斯坦在怀孕六个月时接受了紧急剖腹产。因此，露西·珍妮早产了三个月，不得不在医院里度过生命中前十个星期。孩子刚出生就进入了重症监护，可是孩子没父亲，没人分担这些痛苦，这让沃瑟斯坦要面临的感情和现实上的巨大挑战变得雪上加霜。但是，从来没人能够保证，48 岁要孩子可以不费吹灰之力。

　　《纽约时报》把沃瑟斯坦称为"有为一代之声"[3]，这样说的原因很简单，这一代杰出女性所经历的成功与磨难，完全贯穿于沃瑟斯坦的工作和生活之中。20 世纪六七十年代的平权法案令这一代妇女获益，大大拓展了她们可享有的机会。事业方面传来的都是好消息——各种壁垒被拆除，历史上第一次女性可以上耶鲁、踢足球，还能申请抵押贷款。她们在私人生活方面也是如此，她们踏入了一个无人涉足的时代，其结果无疑是喜忧参半。

　　沃瑟斯坦充分享受了现代女权主义争取来的机会。在 1999 年 1 月（就在她终于成功怀孕之前）的一次访谈中，她强调了这一点："我认为是妇女运动拯救了我的人生。事实上，我觉得它改变了我的生命。"

　　我妈妈送我去了曼荷莲女子学院，因为有人告诉她"史密斯学院通向'文艺床'，曼荷莲学院连上'关系网'"。如果我在五十年代上了曼荷莲，那我到头来会成为斯卡斯代尔镇上的一个家庭主妇。我整个人，尤其是具有创造力的那一部分，就会凋零。但是突然之间，事情出现转机，人生变得多样了。妇女运动让我有权追寻自己的理想，并告诉我理想值得追寻。这真不可思议——理念的影响竟然可以这么大。

然而，沃瑟斯坦还想拥有婚姻和孩子，而对这一人生目标，妇女运动则显得力不从心。

对我来说，生儿育女是件大事。我的意思是，如果我是个男人，我决定要娶的人会是一个才貌双全、喜欢孩子的 34 岁女人，而且她还愿意为了抚养孩子而暂停事业。或许我不得不多干一份工作，写写电影剧本来维持生活，但是我愿意这样做，真的愿意。

和这种标准的男性规划不同，我用了七年的时间，想办法自己要孩子。最初两年，我使用科技含量不高的普格纳，不起作用。于是，我转而求助于高科技生殖行业。五年以来，我做过受精卵输卵管内移植，七轮试管受精，甚至还找过代孕。一位名叫马西的女性从阿拉斯加飞过来，准备植入用我的卵子和捐赠精子培育而成的胚胎。但是，所有努力都白费劲，在流程中某个封包或存放的环节，胚胎坏掉了，不能用了。马西只能无功而返。

到这个时候，我已经经受了太多次手术，注射了太多的药物——我甚至记不清有多少了。我得到了什么呢？我唯一能证明的就是我怀不上孩子，我年纪太大了。

起初，我认为我足以应对任何情况。你来到诊所，医生给你准备一堆高科技的方案，最诱人之处就是保证能有孩子。但是不知不觉中，你就已经连续失败了三年，你会感觉自己被骗了，受到了虐待；更别提此时你已财竭力尽。你坐在诊所里，看着墙上的宝宝图片。不管你如何努力，你就是得不到那样一个孩子。

现在，我觉得，这些技术远远没有让女性变得更有力量。随意从我这代人中挑一位事业有成，年过 40 但膝下无子的女人，这种新技术就是在告诉她，成就再高也无济于事。然而，当她像我们大部分人那样怀孕失败时，这种技术又会彻底抹杀她对工作能力的信念和作为女人的信心。我觉得，那些手术让我比一生中的任何时候都更加感到消沉。[4]

这种痛苦可不是一星半点儿。自从她怀孕以后，我还没有和沃瑟斯坦谈过。成功受孕显然改变了她对辅助生殖技术（ART）的看法，但早在1999年的冬天，她还非常憎恶这些技术给她的生活带来的一切。

她曾经这样抱怨："为什么在性和生育方面，讨厌和痛苦的事情总是要女人来承受呢?"

我上大学的时候，女性用的是宫内节育器。现在呢，天知道我们被注射了什么药。为什么男人从来不用经历这些? 男人就算用药也用"万艾可"——效果好而且感觉也不错。

对孩子的渴望实在太可怕了，局外人不太可能理解这种又绝望又急迫的心情。而且，这些并没结束。我是说，我还在和领养律师联系着，而且还考虑着再试一次体外受精。对我来说，忍受这些就意味着继续战斗，直到真能得到一个宝宝。[5]

半是不情愿，半是不服气，她说话的声音低沉下去。两个月以后，这位出色的、勇敢的女人终于怀上了小露西。

这就是我们了解到的：一位获普利策奖的剧作家，这代人中最令人钦佩的女性之一，为了要孩子无助地奋力拼搏着——她巨大的成就对这个目标毫无助益。事实上，在与温迪·沃瑟斯坦的长谈中，我发现正是那些成就让她不能成家生子。多年来，她的巨大成功一直让男人感受到巨大的威胁。就拿一个与她相处了很久的男友来说，他曾威胁说，如果她的剧作《不凡女性》在百老汇上映，他们就得分手。剧本成功上映，于是男友离开了。40 岁时，沃瑟斯坦终于放弃寻找意中人，开始自己想办法要孩子。就在那时，另一方面的问题给了她迎头一击，那就是她日趋下降的生育能力。

现如今，通行的法则似乎是女性越成功，就越难拥有丈夫和孩子。对于男性来说，规则正好反过来：男人越成功，就越能轻松地结婚生子。来自美国企业界的一组数字能说明问题：年薪超过 10 万美元的女性管理者中，49% 的人没有孩子，而同样收入的 40 岁男性管理者当中，只有 19% 没有孩子。[6]

成功人士能否要上孩子，性别差异非常明显，这种差异在沃瑟斯坦的家庭中尤为刺眼。温迪·沃瑟斯坦忙着应对先兆子痫和露西的早产问题，就在那个星期，她的嫂子也住进了香奈山医院，就住在走廊对面。克劳德·沃瑟斯坦 34 岁，是温迪的哥哥布鲁斯的妻子。她来医院生他们的第二个孩子。克劳德是布鲁斯·沃瑟斯坦的第二任妻子，她在 1999 年 9 月 21 日产下一个八磅重的男孩，那是布鲁斯的第五个孩子。布鲁斯·沃瑟斯坦是一位非常成功的投资银行家，与很多男人一样，他在收获名望和财富的同时，也拥有了美丽的妻子和成群的孩子。这份幸福的事业家庭双丰收却没有在他同样成功的妹妹温迪身上实现，大多数高成就女性也没有这份幸运。

当然，沃瑟斯坦最终还是有了宝宝。2000 年 9 月的一个周日的早上，她谈起了自己不可思议的征程。她回到香奈山医院，在"解决不育协会"（RESOLVE）的年会上作公开演说，这个协会是一家为不孕症患者提供信息和帮助的全国性机构。参加这个会议的 500 多人，不论是否单身，全都处在不孕症治疗的困境里。在这次演讲中，沃瑟斯坦解释了她是怎样要上孩子的。

"经历了七年的失败，我想我该放弃了。"她说。这时，她在一家餐馆中偶遇到了最初给她看病的医生，得知有个新技术可以让她有50% 的概率成功。六个月以后，她怀孕了，开始面对一连串全新的挑战。

怀孕第六个月时，沃瑟斯坦被诊断出先兆子痫。住院治疗之后，妊娠情况稳定了下来。但在16天以后，她的病情突然恶化，医生决定实施剖腹产手术分娩婴儿。9月12日下午，露西·珍妮出生了，长14英寸，重790克，也就是1磅12盎司。

沃瑟斯坦这样述说她第一次抱女儿的情形："露西·珍妮几乎没有重量。她细细的双腿耷拉着，像布娃娃的腿一样，纸尿裤和烟盒差不多大小。"

露西住院期间，沃瑟斯坦经历过一些惊心动魄的时刻。斋戒日是犹太人一年中最神圣的日子，那天傍晚，沃瑟斯坦回到医院，发现露西已经输了血，一只呼吸管还固定在她的鼻子和嘴巴上。还有一次，她到医院就注意到了露西的小毛线帽被从中间剪成了两半。

沃瑟斯坦恐慌极了，跑到走廊上去找医生。结果是，他们又为露西做了一次脑电图。露西的脑室扩大了，需要监控。

但是小小的露西·珍妮有着一副钢筋铁骨。她不仅大步跨过了这些健康危机，而且茁壮成长起来。出生十周后，她可以回家了。

沃瑟斯坦动情地做完了周日早晨在香奈山医院的讲话。

她说："这个星期，露西·珍妮就满一岁了。她长得很健壮，这是第一个奇迹。我能够决定要这个宝宝——这不仅在医学上成为可能，在文化上也能被人接受——这是第二个奇迹。"

我环视了一下斯特恩大礼堂，在座的人无不泪眼婆娑。

那天早上的晚些时候，我遇到了45岁的斯特拉·帕森斯。斯特拉和我是老朋友了，早在1991年，我们就同在克林顿的过渡团队里工作。她过来参加"解决不育协会"的会议，正好和我约好见个面。我们坐在香奈山医院的走廊里，点了咖啡准备喝，想明白下面我们还去听大会的哪一个论坛。斯特拉还沉浸在刚才被沃瑟斯坦的讲话激起的情绪之中。

"不是说她的话惹人讨厌或是怎么样，这人很风趣，有深度，又有激情，就跟她剧本里那些优秀女性是一样的。但是，她也许应该多说说她的失败和损失。我是说，听她讲话的这一屋子女人，要不就是没怀上，要不就是怀上过一两次但没留住，这些她也是经历过的。"斯特拉显然有些生气地说道："这算什么人间奇迹？她不仅在 48 岁怀上了，而且生了个 1 磅 12 盎司的孩子，还活了下来，据说长得还挺不错。我真想不明白她怎么会有这样的好运气，这太不符合我的现实情况了。"

我静静地等着。斯特拉正往她的咖啡里加糖，显然她还有话要说。"这事儿说起来，有很大一部分都是钱的问题，这最让我恼火了。这个女人为了要个孩子花钱花狠了。光把她说的加起来——七次试管受精，两次代孕失败——一共是 13 万美元。对现实中的人来说，这算是什么榜样？约翰和我为了进行三次试管受精，不得不第二次去抵押贷款。结果就是个笑话！不仅三次都失败了，还耗尽了我们所有的积蓄。我们整整两年不得不省吃俭用，才能考虑再试一次。我知道沃瑟斯坦也倒了很多次霉，但当你 43 岁，生物钟像定时炸弹一样嘀嗒作响，而你却因为没钱，只能干坐着，什么都做不了。这种感觉她根本就不知道。"斯特拉的声音又高又尖。

两天后，我和斯特拉又聚在一起，悠闲地吃着午餐，聊了好久。斯特拉说了一件大事，俄亥俄州立大学刚刚授予她教授席位。我刚要祝贺她，她就摆手让我打住。"我希望事业上的成功多少能弥补一下我的个人生活，"她叹了口气，"不过我想，我要不了孩子这事怪我自己，因为我没有早做准备。"

斯特拉跟我讲述了她早年的经历。

读研究生那会儿，我和一个男的订婚了。但他居然把我的一个朋友睡了，所以我们就吹了。后来，我拿到了学位，要知道在杜克大学拿博士学位能耗掉你半辈子。然后，我开始教书，发现工作很不好找，生活也漂泊不定：我先在加州大学圣克鲁兹分校待了一年，补请假教工的缺，又在北卡的教堂山分校待了三年，在布兰德斯大学待了一年，最后才在范德堡大学获得了终身教职。我就这样一直游荡，直到来到范德堡大学，才可以认真谈一场恋爱。那时我都 37 岁了，一点都不敢耽搁。一年之内，我就和约翰见面，结婚，准备要孩子。但是，要孩子这事可把我们难住了。试了六个月，还没有怀上，然后又来六个月，接着再六个月。

对我来说，孩子非常重要。我老早就想要孩子了，我这辈子就想着当妈妈。所以，当我知道我可能不能生育时，整个人都吓呆了。这种事情怎么会摊到我头上呢？我一直很努力保持身体健康。我当时就很清楚，必须开始生育方面的检查，不能浪费一点时间。但我又遇到另一个意想不到的问题——我丈夫不愿行动。

我们谈了几个月。他一直纠结于治疗费用的问题，说等等看也许就会时来运转。我坚持强调我的卵子数量在逐渐减少，需要立即行动起来。尽管我只有 38 岁，我却能感到自己的生育能力在下降。我的例假越来越少，乳房也不再像以前那样，到了排卵期就感觉又重又软。我的身体似乎在告诉我，我能够怀孕的时间越来越少。

不要误会我的话，约翰是一个好男人，最后他终于下了决心，支持我的决定。但是我们的直觉并不一致。内心深处，我知道我的机会不多了，我的时间正在耗尽。而在他内心深处，他觉得再过几年也无妨。他不是不想要孩子，他想要，但不是那么迫切和明确。

与我的丈夫不同，我看到别人家的孩子时，眼睛会像被磁铁吸住了一般。我会把身子都靠过去，对婴儿车里的宝宝微笑。这时，我真惊诧于我身体中的感觉，好像我的血肉都在渴望能拥抱那个小身体。我坐着看游乐场里那些蹒跚学步的小孩子，听着他们的笑声。笑声中有种魔力，好似从纯净的喜悦中倾泻而出，我总是被它的优美激动得浑身战栗。

最终，我们还是去了诊所。吃了四个月的克罗米芬，我怀孕了。我们的欣喜只持续了短短的十一周，我就流产了。这是种"隐性流产"，意思是没有外伤原因，但婴儿还是胎死宫中。我去做 B 超，医生没能看到心跳，只看到已经部分成形的宝宝显示在屏幕上，硬硬的、一动也不动，没有半点生气，我永远都忘不了那种痛苦。第一次的失败如此的难以承受。

几个月以后，我们再次尝试。这一次，我吃了克罗米芬，还做了什么子宫输卵管造影（HSG），这是个保持输卵管畅通的手术，在我的输卵管注入些东西。我果然怀了孕。这次流产发生在第十三周，还是"隐形流产"。第二次失败更加难受。我们已经成功度过了头三个月，开始相信我们能留住这个宝宝。我们甚至都想好了几个名字。

第二次流产之后，我们变得非常慎重。我们拿房子做了第二次抵押贷款，然后报名去做试管婴儿。十二个月后，经过了三轮尝试，我又怀孕了，却才过五周就流产了。这次怀孕转瞬间就结束，所以当时我安慰自己，这次没有前两次那么痛，因为它太快了。不管有没有用，我知道我需要筑一道墙，将我和无可抵挡、渐入骨髓的痛苦隔开。

尝试了几轮试管婴儿，我们完全垮掉了，我可不光是指经济上。几个月以来，从希望到绝望，我们饱受这种治疗方法的折磨。各种药物和疗法给我们的婚姻造成了巨大的压力，甚至让我对自己的身体愈发厌恶。我开始憎恨自己的性器官。我想，如果这些器官和功能到头来完全没用，那么我怎么可能不厌恶自己臃肿的乳房和流血的例假呢。它们都只是累赘而已。

因此，在第三次流产之后，我们不得不离开一段时间，疗伤的同时我们还要填弥各种损失。那是两年前的事情了，这次会议让我第一次重新认清自己还有哪些选择。你知道的，我们这代人得到的建议是有问题的。人们告诉我们："去做男人做的事情。拼命工作，在行业里有所建树。为了事业你要做出必要的牺牲。"但我现在知道了，如果你想要孩子，"照着竞争力强的男性榜样去做"是行不通的。

我永远都对我的女性学生这样说：不要害怕丢下你的半拉子事业。我们聪明，受过良好教育，而且能活很久。事业上的机会还会重来，但别浪费生儿育女的有限时间，千万不要等到来不及才去后悔没早点要孩子。[7]

这些故事很清楚地表明：在"有为一代"中最为打动人心的故事，有很多都与如何从岁月的魔爪下夺取孩子有关。成功只是一小部分，大部分都失败了。资源和运气可以解释温迪·沃瑟斯坦因何成功，而斯特拉·帕森斯为何失败。一些没有成功怀孕的女性后来领养了孩子，通常是独自抚养。

在去中国接收领养女婴的一周前，46 岁的玛丽·法雷尔和我一起吃了顿饭。去中国桂林要 27 个小时，所以玛丽带着她的父亲去帮忙处理旅途上的问题。非常令人心酸的是，她那瘦弱的老父亲已是一个患有严重关节炎的 75 岁老人，却是唯一一个愿意并且能够帮她去接新宝宝的人。

玛丽是一个工党的政策活动家。1991 年，我在英国待过几个月，在那期间与玛丽相识。当时，她正管理着一个备受关注的儿童维权组织。90 年代中期，她回伦敦商学院拿到了 MBA 学位。现在，她是剑桥市的一家小型管理咨询公司的合伙人。一年前的 45 岁生日那天，玛丽进行了一番内心反省。过了几个月，她买了一栋带花园和秋千架的房子，踏上了领养孩子的道路。吃饭的时候，玛丽给我看了七个月大的克丽的照片，她是个超级可爱的中国婴儿。玛丽谈起终于要见到她的小女儿时，她看上去容光焕发、喜不自胜。

我等不及要把她搂在怀里。其实，我要抱着她，一连几周都不放手，我要弥补她在孤儿院度过的生命中的头几个月。我相信，如果白天我用背抱带抱着她，晚上带着她一起睡，连续三个月都不分开，那我们之间就能够迅速产生母女间的情感纽带。我一定要让宝贝女儿感到备受珍爱。

玛丽解释道，45 岁了还没丈夫和孩子让她非常痛苦。尽管生日过得很难受，但她还是必须承认现在不可能结婚。

我不能放弃我做母亲的权利。对我来说，这是我未来的最终极的目标，是我未来的希望。我想，生活的完全失控对我是件好事，会让我放手去做不曾了解的事情。一直以来，我都把生活安排得妥妥帖帖的。

真希望我能早点开始。但是直到最近，我才在经济上有了一点保障。即便是现在，我还是感觉这样很冒险。我们的大部分客户都是做电子贸易的，在过去的一年，至少有一部分客户已经破产了。一些朋友建议我，等经济情况稳定下来再说。但作为新任妈妈，我已经太老了。我不能把生命中重要的事一推再推。在我临终之时，我会醒悟，事业上的磕磕绊绊绝不可能与抚养女儿这件事等量齐观。

越谈夜越深，玛丽若有所思地说起了她的父母。"你知道吗，我父母从始至终都非常坚强。我觉得他们的成长环境相当严厉刻板，他们是严格的天主教徒，有太多的条条框框。但是他们对生儿育女又特别看重，非常支持我领养孩子。我想，要是我作为一个单身女人，却怀了孕，他们心里会更难受。他们很在意孩子的爸爸从何而来。用欺骗或购买的方式，获得一个男人的精子，然后再让他们父女分离，这个方案绝不会被我父母接受的。其实，我也不能接受。"[8]

一个职业女性独自领养一个孩子，这当然不算罕见。可是，这么说并不能让单身母亲感觉更轻松。帕特里夏·威廉斯今年48岁，是一位法律学者、政治活动家，还是哥伦比亚法学院的教授。许多年来，她一直告诉自己，如果到40岁还没有结婚，那就直接去领养一个孩子。

因此，40岁生日刚过几天，我就给一家代理机构打电话。他们说没问题，他们有孩子——非裔美籍女性没什么优势，但有个好处就是，如果你想领养孩子，会有各种各样没人要的孩子供你挑选。六个月以后，我领养了我的儿子。我第一眼就喜爱上了他，他简直让人无法抗拒。我心里满怀感激，我是说，感觉自己如此被需要，对另外一个人如此的重要，这真是莫大的荣耀。我过去完全想不到，儿子彻底转变了我的生活重心。有时我会想，如果我没有领养，生活会是什么样子。但是我想不出来，因为那太难想象。

帕特里夏在1971年毕业于韦尔斯利女子学院，1975年毕业于哈佛法学院，是500名毕业生中仅有的九个黑人女生之一。

民权运动让我进了韦尔斯利学院，但能去读法学院则完全是妇女运动带来的好处。上大学之前我没有任何雄心壮志，但随着得到的机会越来越多，我的追求也越来越高。刚开始时，我学习传统的科目（法语和艺术史），但在二年级，一个新项目允许韦尔斯利学院的我在麻省理工学院选课，我的世界瞬间被拓宽了。最后，我选择主修城市研究，希望可以进入哈佛法学院，当一名维权律师并改变世界。一切就是这么简单。

从法学院毕业之后，我在洛杉矶市的消费者权益保护部门做了一名检察官，是第一个做这样工作的有色人种女性。之后，我还在法律援助公司里工作过。1980年，我到加利福尼亚大学洛杉矶分校当了教师。后来，在威斯康星大学工作一段时间后，我于90年代初来到哥伦比亚大学。过去的20年里，我当过教师、作家以及种族和性别问题活动家。

帕特里夏谈起工作来显得很轻松。她把自己的工作生涯比作"一条相当平滑的弧线"，这并不是说什么东西都得来全不费工夫。按她的说法，她的职业生涯主要得益于民权运动的成功和女权主义者的努力。一旦得到了新机遇，她就可以努力拼搏，建功立业。最终，她建立了令人艳羡的职业生活，获得了地位和收入，实现了传统意义上的成功，事业对她来说意义重大。

帕特里夏的个人生活却问题多多。唯一一段接近婚姻的感情经历还是在25年前，她在韦尔斯利学院和哈佛法学院一年级时，曾与一名男子交往。在她看来，

分手是因为他觉得我太好强。除非我愿意为他的事业服务，进入他的辅助团队，他才同意我去上法学院。当他明白了我有自己的独立理想时，就和我断了关系。哈佛法学院的男生中，大部分人更喜欢和韦尔斯利学院或波士顿大学的本科生约会，而不太愿意和同班女生交往。我猜，这是因为我们的威胁太大了。

离开法学院以后，我的社交生活就渐渐消失了。工作的多次

变动也没带来什么帮助。我住在麦迪逊市，那里是一个住满了已婚夫妇的城郊居民区，对于单身的黑人职业女性来说显得尤其凄凉。说实话，48岁的时候，我基本上已经放弃了。

对帕特里夏来说，做单身母亲是经过深思熟虑的。

> 将孩子抚养成人是非常棒的经历，但同时也让人心怀忐忑。我的儿子现在长成大个子了，比我还高还重。他都111磅了，其实年纪才7岁。看到他走在街道上，我会很担心。我不停地跟他说，不要在隐蔽处走路，不要把手插在口袋里。但就算这样，我还是担心得要死。在种族歧视的警察眼里，他看起来已经是个大块头，具有威胁性了。任何事情都有可能发生。
>
> 独自抚养孩子会有强烈的孤独感。没有人来和你分享美好时光，共度艰难时刻。很多时候，我非常渴望同龄人的陪伴。这种代价真得无法小觑。[9]

温迪、斯特拉、玛丽和帕特里夏的故事中，贯穿着同一个主题：大龄妈妈都面临着现实中的难题。不管你的解决方法是体外受精还是领养，都是困难重重，门槛极高。如果你40多岁了还想当母亲，那你最好做好准备，无论在经济上还是情感上都要付出极高的代价。

当然，很多女性甚至还没有走到这一步，不用竭力赶在绝经之前生育或领养孩子。我和很多这样的女性谈过，难以应付的工作和反复无常的合伙人让她们统统卡壳在更早的阶段。她们觉得，首要的事情并不是赶着要孩子，而是去找个好男人，其实在这时候，她们本还有机会要上孩子——至少能要一个。在这个问题上，男性的态度就很关键了。温迪在《海蒂编年史》中提到，男人通常不太愿意选择特别优秀的女人，因为那有可能意味着激烈的竞争。我大概是在十年前看这部剧的，但我仍然记得那著名的一幕，斯库普·罗森鲍姆对海蒂解释，为什么他决定娶莉萨而不娶她。他的话让我后背发冷，因为我意识到自己是多么幸运，能够找到我的丈夫，这个好男人爱上一个成功女人并愿意与之生活在一起。

斯库普：假设我们结婚，我会要求你为我拿出未来十年。你全身心地照顾好这个家庭，一家人都安安稳稳的。这样，我每天都能踏踏实实地出去打拼，赢得成功……而你就会说："为什么我们不能携起手来？为什么我们不能一起出去打拼，赢得成功？"你的话肯定是对的，有道理的……

海蒂：但是，莉萨她……

斯库普：你朋友问过我，我爱她吗？她是我最好的选择。她特别优秀吗？也许还不错，但不算特别……我不能再耽误你了，这就是为什么我今天结婚……在生活中，你想追求的东西比我还多。

海蒂：真的吗？哪些东西？

斯库普：自我实现。自我决定。自我张扬。

海蒂：这正是你想要的。

斯库普：是的。而你会和我竞争的。[10]

43 岁的塔玛拉·阿德勒是德意志银行伦敦分行的总经理，是这个行业的资深人士。2000 年 12 月，我们通过共同的一个朋友相识了。当时我在英国，她便邀请我去她办公室一起吃早餐。时值深冬，而伦敦并不是个喜欢早起的城市。早晨 7:30 分，天刚蒙蒙亮，我走在冷清的大温彻斯特街上。我想是不是把时间和地点搞错了。

但是，这位苗条优雅、满面春风的女人已在德意志大楼的二楼电梯间等我了。喝着浓茶，吃着消化饼，我们开始聊天，我们畅所欲言，谈了好久。几个设置恰当的问题打开了她的话匣子。很显然，她也正考虑着这个话题。

阿德勒太想拥有一个完整的家庭了，对于这个想法为何没能实现，她也思考了很多。她谈到了一些很明显的现实难题。"一边做着这份工作一边照顾家庭，这是我根本无法想象的。频繁出差是个大问题，大概每周我都要外出两天半。比如，明天我就要去南非，直到周日才能回来。另外，还有一些工作上的应酬，只要我在城里，每周都会有三次饭局。"

但这方面的困难还不是她最担心的。目前，她在就业市场上已经有了一定的话语权，不难找到不一样的工作——比如一份不需要出差的工作。但是，比奔波之苦还难以应对的是，如何寻找一个愿意容忍像她这样的成功女人的成功男人。阿德勒对独自养孩子完全不感兴趣，觉得那样对孩子来说太不容易，也不公平。所以，想要趁还来得及生个孩子，找个合适的男人就变得非常关键了。

阿德勒滔滔不绝地谈起，女性在充满野心的职场中饱受歧视。她并不是说通常意义上的歧视，毕竟，当代社会的各种机会已经向女性敞开大门。但是，不管是在情感还是实践上，男性比女性更容易得到相应的支持。

用她的话说，"在大多数人难以企及的高海拔的职业领域，空气稀薄，令人难以呼吸，而男性更容易寻得氧气"。

他们找得到氧气，靠的是可以呵护他们自尊的女人，让他们感觉自己像个国王或其他什么的高等存在。

任何一个工作努力、表现优秀的人在结束一天 14 个小时的工作之后，都会期待伴侣说："哇哦，你太棒了！"或者"哇，你今天赚翻了，那你一定累坏了吧——让我给你按按背/给你拿杯喝的/给你做饭"。高收入的成功男性可以在很多年轻、漂亮、性感的女性中进行选择，她们随时准备提供氧气。男人的选择余地很大。

而严酷的现实是，大部分的成功男性不想找个同类做伴侣。另一个身处高海拔的登山者或许很能振奋人心，但是能靠她定时得到氧气吗？不太可能。熟稔反而会导致轻视，如果你也艰难地挣扎在类似的职业领域中，你很难会带着崇拜的表情说："哇哦！"更可能的情况是，你会对一点纰漏就吹毛求疵。除此之外，你自己也有对氧气的迫切需要，也有权渴望被骄纵和呵护。

正如阿德勒所说，在职业生涯的早期，"哇哦"因素的效应尤其明显，这也正是大部分有抱负的男人刚刚结婚的时候。"二十八九，三十出头，这是我们这些职业人士如履薄冰的时候。我们根基浅薄，难经风雨。在人生的这个阶段，异性和钦慕会伴随我们，抚慰峥嵘的岁月。"

塔玛拉·阿德勒在佛罗里达、康涅狄格州和华盛顿长大，就读于韦尔斯利学院，1982年毕业于西北法学院。她的职业生涯可以说是一路顺畅。她先是在纽约的一家名叫"辛普森、撒切尔和巴特利特"的律师事务所做助理，但很快就厌倦了公司法。她说："起草同样的法律文件八十五遍以后，你就不会再有兴趣了。"所以，她就去了高盛集团，融入紧张的、以业绩说话的工作环境中。阿德勒每天工作14个小时，每个周日都加班，30%的时间在外出差。在华盛顿待了不久，阿德勒来到了伦敦，管理德意志银行的欧洲证券集团。作为德意志银行最高层的女性，最近她被选为伦敦市最有影响力的十大女性之一。

对于将来要做出的选择，阿德勒有个很有趣的看法。"过去几年，我已经开始和年龄大一些的离异男性约会，就是那种已经成家立业而还在寻找伴侣的男人。我符合他们的需求，因为此时的他们需要有人能和他们有共同语言。而他们也符合我的要求，这些大龄男性已经足够稳重成熟，能让出一点氧气了。"

阿德勒向前探着身子，眼睛里闪着光。"我都无法描述这种重新变得很抢手的感受，"她说。"突然之间，游戏规则变了。"她顿了一下说："但是，我不能跟自己开玩笑。就算最后我嫁给了一个老男人（这真有可能），我也不可能要孩子了。这些男人中几乎没人有兴趣再生几个孩子，这让我非常难过。我是说，我到65岁的时候，会怎么看待这一切？我会后悔没要孩子吗？肯定会的"[11]。

44岁的查伦·马丁[12]拥有一家小企业，偶尔做做律师。她的说法同样坦诚直接："想要认真谈恋爱的同时兼顾事业，这是高难度动作，对于任何有抱负的女性来说都不容易。但我要说，这对一个有抱负的黑人女性根本就不可能。我们的成功概率完全不同。"

马丁是我一位好朋友的朋友。她在得克萨斯州的圣安东尼奥长大，人生之路十分不顺利。据她本人说，还是个孩子的时候，她就是那种"你所能想见的最努力的人"。顽强决心和奋发努力有了回报，马丁在1976年成为哈佛学院的一名新生。到了1985年，她成了得克萨斯的一家颇有名望的事务所的新晋助理律师。唯一的问题就是：她痛恨这一切。用她的话说，

　　得克萨斯文化和牛仔精神没给她带来什么优势，但问题不止于此。具体来讲，女性依旧是这个事务所中的二等公民。公司不允许我们处理交易事务；人们都认为我们应对不了来访的大人物。我们被称为"律师小姐"，被发配去处理信托和房产，那些业务不会被我们弄出什么乱子。刚来这个事务所的时候，120个合伙人中只有三个是女性。我只在那儿待了一年。我清清楚楚地记得促使我辞职的那次谈话，一切就好像发生在昨天。
　　一位高级合伙人走进我的办公室，讨论一个我正在处理的产权和石油的案子。他说："噢耶，那些财产属于康明斯。你知道

康明斯是怎么赚钱的吗？他想出了个点子，让黑鬼们把石油控制权交给石油公司……说起以前，黑鬼们只会得到最差的、石头最多、产量最差的土地，但结果却发现石头最多的土地石油也多。所以，康明斯想办法只花了一点钱就得到了那块地。他的口才真好。"

就这样，我被他的这番话深深地伤害到了，我把这件事告诉了一个同事。很快，整个理事会的人都跑进了我的办公室，跟我解释说那位高级合伙人并没有任何冒犯的意思，他只是用了他父亲曾经用的词。甚至还有人试图让我相信，上过旧时学校的人还认为"黑鬼"是个充满爱意的词呢！

尽管得到很多解释，但我还是辞职了，去东北地区找工作。我明白了，一位"律师小姐"本来就举步维艰了，为什么还要在一个公然叫嚣种族主义的城市里工作，让自己雪上加霜呢？因此，我来到了纽约，在一家大的事务所工作。

从工作的第一周起，我就进入了超级努力模式。我非常专心，计划要成为一位合伙人。你很难理解我工作多么努力。我每时每刻都在工作，一天工作十三个小时稀松平常，每周六天，周日至少还要再来几个小时。我吃了太多的中餐外卖，以至于当我离开私人律师事务所时，我发誓我再也不吃中国菜了。

晚上回到家，通过留言机上的留言数量，我能估算出这样疯狂的工作给我的社交生活带来的影响。工作两年后，留言机上就不再有留言了，因为大家都知道我要么不在家，要么在家但哪也去不了、什么都做不了。约我吃饭必须在晚上十点钟以后，周末旅游更是没有可能。

我永远都不会忘记某个周六的下午五点半，我被告知那个周末不用加班，当时我真是心花怒放。我想，上帝啊，这真是有钱人的苦恼！我居然可以有这样一个美妙的长长的周末！我已经习惯于周六晚上工作到 10 点，周日再搭进去六小时，所以当时我感觉像是放了一个大假。

　　我一直饱受某个合伙人的折磨，他也不是非常恶毒，只是反映出了公司的文化而已。他总是在晚上九点半闯进我的办公室，然后说："这样，我有个项目交给你，必须要完成。我不管你怎么做，但是明天上午九点半我来的时候，我希望它已经完成并且放在我的办公桌上。"因此，有好多个晚上，我直到凌晨三点才回家。还有很多时候，我根本就没回家。平均每三周，我就会熬一个通宵。

　　不可思议的是，所有这些努力都是白费的。就这样卖力苦干三年之后，我被解雇了。股市暴跌，他们裁掉了三十个职位，其中包括我。对我来讲，这是当头棒喝。那时我才 29 岁，可我几乎记不得过去三年发生过什么。我工作太过努力以至于把生活过得浑浑噩噩。因此，我决定要活得精彩些。我离开了私人事务所，继而去了一家日本公司，据说这家公司的常驻律师每天只要工作十个小时，而且周末绝不加班。我想，这份新工作也许可以给我机会发展个人感情，遇到某个男人，与之谈婚论嫁并生儿育女。

　　一开始，事情看起来似乎很顺利。我遇上了一位英俊的美国非裔小伙子，他离过婚，带着两个可爱的女儿。他非常苦恼于无法照看两个孩子，正需要帮助。我深深爱上了他，努力去帮他。我是说，我真的认为他可以托付终身。但就在他试探着问我想不想结婚时，公司派我去日本工作一段时间。我当时在公司做得不错，但是如果想要再上一层楼，就需要在总部工作几年。我还没有确定要不要接受这份委派，但他知道我有去日本发展的想法，就吓得赶紧跟我分了手。我伤心极了。

最终，马丁去了日本，那儿的总顾问非常照顾她，很快她就得到了提升。接下来的几年中，工作变得愈加忙碌，每天工作十小时变成了每天十三个小时，私人生活又一次被挤了出去。马丁尽量把话说得不偏不倚："别误会，公司待我挺好的，在那儿工作的十年里，我摸索出一套重要的方法，实现了财务独立。但是，只要在公司，我就不可能拥有丰富的个人生活。于是，三年前我退出公司。我辞掉工作，用积蓄在纽约翠贝卡开了一家餐厅。这真是令人难以置信的兴奋——获得了来之不易的经济自由，并用之去挖掘我的创新能力。我一直喜欢绘画和摄影，把这些变成每天生活的一部分，真是莫大的幸运。"回顾过去 20 年来做出的决定，马丁感觉喜忧参半。

"我错就错在一路向前疾驰，却没有在意生活的质量。我本该早点重塑我的职业生活。那样的话，我或许能有个家庭。"马丁顿了顿，然后痛苦地说："我最大的遗憾就是没有孩子。我最小的妹妹在几年前生了孩子，那是我们家第一个孙辈。当时，对孩子的渴望汹涌而来，让我无法自拔，真是太难受了。"

这种遗憾之中还掺杂着情无所托之苦，因为对马丁来说，"婚姻和孩子是一体的。我对单身妈妈的快乐不抱任何幻想，我妈妈独自抚养了三个孩子。我眼睁睁地看过那一切，知道那太艰难了。现在，和很多女性一样，我也经历过那个'如果到 40 还没有一段正式的恋情，就考虑领养'的阶段。可是随后，我有了开餐馆的想法，要孩子和开餐馆哪个更重要，我也是思来想去。最后，我还是选择了餐馆。"她顿了顿，然后说得平静而意味深长："可是，这本不是我想做的选择。要是生命中出现了我的爱人，那么这根本就不需要考虑了。我会两者都要。"

到这个时候，我对男人已经不再期待了。我的意思是，男人太抢手了。几个月前，我的一位男性朋友刚和他妻子分手，其他女人马上就对他展开攻势——给他电话号码，买电影票，请他出去吃饭。事实上，我们和他们的比例是五比一。单身的黑人职业男性凤毛麟角，而他们也知道这一点，有些人还觉得自己多得到点关注理所应当，他们甚至都不去掩饰这一点。有位男士直截了当地告诉我，他就是想得到女性的青睐。可我觉得，他说的是崇拜。[13]

49 岁的休·帕尔默是一家驻伦敦的会计公司，致同事务所的国际市场交流部主任，她也同样放弃了寻找男人。"十年前，我有一个很棒的私人助理，经过一周 70 个小时、令人筋疲力尽的工作之后，她对我说：'休，你也知道，就算你想，你也不可能有一段热烈的恋情。'我当即回应：'就算我想，我也不可能有一段不热烈的恋情。'那段谈话反映了当时的情况。25 年来，我的事业一直占据了我的生活，耗尽了我的黄金时光。结果是，恋爱、结婚和生子的可能性都被放到一旁。我是说，我绝没有想过不要家庭，事实上，我很想要。那句话说得好，'不知不觉就已走到了末路'，差不多概括了我当时的境况。"

帕尔默发现职业生涯在起步阶段尤其艰难。作为一个北约克郡的送奶员的女儿，她要跨越的障碍比常人多得多。她从当地的州立中学毕业，赢得了去剑桥的资格（我们在同一个学院但相差几个年级）。毕业以后，她作为企业见习生加入了玛莎百货，是当年为数不多的几个女生之一。几年以后，她回到商学院去攻读工商管理硕士（MBA）。然后，她又加入了致同会计师事务所。几年下来，她一步步脱颖而出，成为这家国际会计公司管理层中唯一一名女性。根据帕尔默的说法，

在商业世界里，要想成功并无秘诀。有能力的人只需要下定决心，鼓足勇气，拿出高水平的表现。如果还需要你承担超长的工作时间和不近人情的出差安排，那也只能这样。

大约十年前，我就意识到很可能结不了婚，生不了孩子了。

差不多就在那时我遇到了一位产业心理学家。我还记得当时是在一个会议期间，我和他沿着河边走了好久。他是个很好的倾听者，我敞开心扉向他倾诉了我的烦恼与失望。他告诉我，要想保持坚强并充满活力，就要找到和孩子同等重要的生活目标。如果能找到具有深意的个人兴趣，那就可以带我找回生活的平衡。否则，我的灵魂就会有枯萎的危险，而且我会变成不可救药的工作狂——我仍然记得他原话就是这么说。

这次谈话有着非常深远的影响，我知道他是对的。这些年来，我都努力强迫自己从工作中脱身而出，去放松休息。但我是一个很勤奋的人，减少工作对我来说都太难，更不用说无所事事了。所以，在生活中看看别样的风景，这个主意似乎不错。

不久之后，我就开始很认真地去帮助一个深陷泥潭的北伦敦乐队。而且，就在去年，我受邀成为文化遗产彩票基金会的一名受托人，目前一年的运作费用高达 3 亿英镑。由于我可以决定从湿地到木偶戏等诸多项目的去留，所以这种义务工作让我拥有了行善的巨大潜能。现在，这些就是我的孩子，我知道是它们在抚慰我的灵魂。

2000 年的圣诞节之前，我和休·帕尔默一起吃饭，她当时正安排车去接她的父母。他们都是年近 90 的老人，从约克郡来到她在伦敦的家一起度假。面对颤颤巍巍的老两口，她事无巨细地安排他们的行程——去接的车有多大，路上应该停几次。她意识到不仅是父母在依靠她，她也依靠着父母。"他们总是来我这儿过圣诞节。我喜欢和他们在一起。事实上，我都不知道在他们去世以后，我的圣诞节该怎么过。"她顿了顿，一边沉思一边接着说："你知道的，你觉得你已经接受了没有孩子这件事，但它还会一遍遍以不同的形式浮上心头。我试着不去想它，但一旦我父母去世，我将不得不再次面对它。我把这看作是一种持续性损失。"[14]

查伦·马丁和休·帕尔默的共同之处不仅仅在于她们苦于没有儿女承欢膝下。这些能力卓绝、智勇双全的女性将她们本来留给孩子的热情和同情投向了其他意义非凡的事情。我发现有一点非常令人振奋：膝下无子并没有使人灵魂枯萎，精神萎靡。这些慷慨激昂、有胆有识的女人们，以及本书中的其他受访者，将她们的创造力转向别处，努力为自己和他人带来长久的贡献。

我记得，我大概在三年前第一次遇到47岁的霍利·阿特金森。当时如果有人问我哪个女人终会兼得事业和家庭，我觉得一定就是她了。阿特金森一头金色短发，留着娃娃头，带有典型美国美女的精致外形，看起来很像格蕾丝·凯利。她是一名内科医生，在电子商务部有一份很有职权的高收入工作。

年轻的时候，阿特金森为了冲破女性身上的传统束缚而投入大量的时间和精力。她是科尔盖特大学1974届的一名学生（她的班是第一个接受女生的班级），后来又读了纽约罗泽斯特大学的医学院，毕业时是103名毕业生中的7个女生之一。在她的记忆中，医学院是一个相当可怕的经历。

性骚扰会明目张胆地出现。我是说，每天发生在我们身上的事放在今天来看根本就是违法的。在解剖课上，教授会"看似偶然、实则有意"地放一些色情幻灯片来让女生难堪，而男生则认为那只是个玩笑。粗俗的恶作剧和露骨的黄段子更是司空见惯。

我的回应是低调做人，努力做事。我没有特意去找其他女生结盟，她们也没来找我，大概是因为我们太孤立太害怕了。女生团体只有在我们把事情搞砸的时候才显示其作用，然而它反省的却是我们的性别。

我记得有一次，一位外科医生给了我一个在手术室里给病人缝合伤口的机会。嗨，这方面我可在行了。妈妈曾经教我给教堂的祭服绣花。从我 7 岁起，我们就坐在一起，给这些华丽的锦缎刺绣。妈妈要求很高，我们戴着白手套，用我们从英格兰订购的质量最好的丝线。十几岁的时候，我就已经是一个很棒的女裁缝了。

我开始动手给病人缝合，恰好这位病人比较胖。缝合胖人的伤口是挺棘手的，皮肤不会对得很整齐，难度有些像是给喇叭裙镶边。但我想到了一种针法能解决这个问题，于是就这样缝了下去。缝合完毕，几近于完美——没有褶皱或者突起，皮肤也没有外翻。然而，那个傲慢的混账医生看着我说："好啊，真是见鬼了，一个会缝合的女人。"接下来，他指着我的手艺开始哈哈大笑。他的搭档们——都是些男住院医生——也一起笑起来。

我一时间无法自制，我觉得我要气炸了。这个恶心的男人不知道我对自己的缝纫技术是多么骄傲。我真想掐死他，至少也要用针去扎他。但最后，我所做的也只是转身走开，可后果不止于此。正是像他这号男人的自负和高傲让我下决心不做外科医生。这真是个遗憾，我的手挺巧的。

尽管早期坎坷颇多，但阿特金森的事业还是一路高歌猛进。从医学院毕业后，她决定加入医疗新闻业。她在一个叫《沃尔特·克朗凯特秀》的科学与医学新闻节目里工作两年，然后成为 CBS 早间新闻的一名进行实地采访的医学通讯记者。此后，她分别得到了 Lifetime 电视台和路透社的高级职位。在路透社，她创办了《路透健康》，一个为医生开办的日常新闻节目。1998 年，她被任命为 Health Answers. com 的首席执行官。但她坦承，自己的个人生活远没有事业一帆风顺，至少直到最近都不算成功。

1983 年，她嫁给了一个比她大 17 岁的男人。

第一章　来自一线的故事

格兰特是 IBM 公司的那种计算机高手。我想，我被他吸引是因为他善良、体贴、礼貌，而且一点都不觉得我对他有威胁。他已经颇有成就，有一份成功的事业，离异并有三个已成年的孩子。

婚后那几年，我真得很想要孩子，格兰特也尽其所能配合我。他在第一段婚姻结束时做过输精管结扎，因此要通过治疗来恢复。当我们受孕失败之后，我们进行了生育诊查，发现我有各种伤疤组织，是好多年前切除盲肠时留下的。我们被告知试管婴儿是我们要孩子的唯一可能。但到了那时候，我们的婚姻已经出现了许多矛盾，也就失去了继续下去的动力。

真是难以启齿……苦不堪言。几年以后，我们离婚了。我当时 40 岁。告诉你，在这个年纪离婚是很可怕的。没有孩子而又单身，这对我打击极大。

多年来，我一直知道时间不等人，但我总是觉得我的情况不一样。因为我很强大，因为我工作努力，表现出众。此外，我还是一位医生，而所有的医生都沉迷于幻想。有些重度抽烟者本身就是肿瘤学家，他们觉得自己的职业可以莫名其妙地让他们免遭癌症的伤害，而事实并非如此。可是，我也犯了同样的错误。是的，时间一分一秒地过去，机会越来越少，但我觉得不管怎样，总是有办法的。然而，转眼我已 40 岁，没有丈夫，没有孩子；没有现在，没有未来。多少个夜晚，我都是在哭泣中入眠。

她停了下来。痛苦使她的声音低落下去，尤显薄弱。

你知道人们是怎么看我这样的人——有魅力，有事业，但没孩子。他们会认为：哦，她不喜欢孩子，或者她为了事业不要孩子。有时候，人们甚至会当面这么说。这让我很恼火，因为我很清楚：我并没有故意选择不要孩子。

创造生活

几年前，我开始考虑独自领养一个中国女孩。最近，我问了我妹妹，是否能把她的卵子给我几个。我觉得自己遇不到合适的人了，至少我不抱希望了。我早就想过，在我这个年龄段，只存在三种类型的男人。

首先是好男人，这些人值得托付终身，但早已心有所属了。第二种是未婚男人，他们要么是同性恋，要么是生活一团糟，你是不会想要他们的。第三种男人也许是最糟糕的，他们已经结婚但却纠缠不清。他们已经不再爱自己的妻子，但却纠结于要不要离婚。

这时，霍利·阿特金森笑了。在我们两个小时的谈话中，这是她第一次笑。"我当时太愤世嫉俗了，不过幸好我错了。去年，我遇到了我那位，一个特别好的男人，我们坠入了爱河。你能相信吗？我们就快要宣布订婚了！"这个漂亮女人发出了阵阵笑声，看上去光彩照人。

那天，我们告别之前，阿特金森道出了一个对于孩子的忧虑。"你看，我非常想和盖伦要一个孩子……但我永远也要不了，我年龄太大了。现在我们可以领养，或者用捐赠卵子的办法，但我们永远不可能自己生孩子——那才是我们自己的孩子。这种损失无法承受，难以言说。"[15]

在结束本书第一章之前，我想再和大家分享一位女性的人生故事，她成功地做到了生活的平衡。很显然，在"有为一代"的女性中，还是有人同时实现了事业有成和家庭幸福的。49 岁的莫莉·弗里德里克，既是作家经纪人，又是妻子和三个孩子的母亲，她就是这样一个例证。

1974 年从巴纳德学院毕业时，我满怀抱负。回想起来，我当时肯定挺惊世骇俗的。不是说我对自己的雄心壮志了然于胸，而是说我非常明白：我必须在 20 多岁的时候玩命工作。但同时我也知道，我想结婚生子，而且我必须尽早规划。我无法想象没有孩子的生活。

最早，我在双日出版社工作，先是做实习生，然后在贸易部做秘书。两年后，我获得一次特别提升，锚链出版社请我去负责推广工作。对一个 24 岁的女孩来说，这是份艰巨的任务。那时的我踌躇满志，在市中心有办公室，有秘书，有报销账户。我的责任相当重大，每年要推广 133 本书。

我发现我真的很擅长这份新工作。大概我天生就适合做推销——我简直能把冰淇淋卖给爱斯基摩人（因纽特人）。很快我就意识到，我可以在企业出版领域实现事业上的成功，这里面机会无限。然而两年后，我离开了。

那时我刚结婚，嫁给了在大学里就遇到的爱人，马克。当时我们正努力地想弄清如何开始家庭生活。放眼出版界，高级女性职员里有孩子的寥寥可数。我认识的几个妈妈都是收入又低、工作又忙，似乎和孩子之间的联系只能靠电话。这可不是我想要的。因此，我决定找一个更灵活的创业型的工作。作家经纪人似乎很符合要求，我认识的成功的经纪人可以自己做主，有很大的自我掌控权。

我放出消息，随后一位不在家办公的作家经纪人给我提供一份助理工作，工作地点在上东区。我欣然接受，尽管朋友们都觉得我疯了。我放弃了原来那份配备秘书的好工作，去给别人当秘书，薪水还减少了三分之一。其实，这份新工作的真实情况比我告诉别人的还要糟糕，因为我的职责还包括早晨一上班就要清理热气腾腾的狗粪。

但这些都过去了。我学会了业务，一年后，我去了亚伦·普里斯特代理行，至今仍在那儿工作，还是当助理，这像是平级调动。但我逐渐开发了自己的客户群，然后就可以拿佣金了。我工作非常努力，吸引并留住了优秀的作家，不过有时候也得靠好运气。比如说，弗兰克·麦考特和梅利莎·班克就是得来全不费工夫，是我撞上了大运。

最令我感到自豪的是，这种创业式的工作给家庭留出了大把时间。1981 年，我们的第一个孩子出生，我开始每天下午 4 点钟下班。当 1986 年第二个孩子出生时，每周五我就不上班了。在 1997 年我们领养第三个孩子时，每周一我也不去了。亚伦有一点很棒，他一直相信我在越来越短的工作时间中，照样能拿得出业绩。

说实话，我的兼职工作绝非轻松平淡。成功会带来更多的成功，很多作家请我去做代理。每周收到的作家来信多达 200 封，都想让我做他们的代理。但是，既然我不再想让工作干扰私人生活，所以我几乎全都拒绝了。偶尔，也会有那种让你特别兴奋的作家出现，那时我才肯让步表示同意。但多数情况下，我会避免这种压力。我已经形成了一些行之有效的策略。比如，我不用电子邮件，不接电话，在周末作家们都联系不到我。但是，我最主要的策略就是坚持三天的周末，给自己留出空间来享受家庭生活。和 4 岁的孩子玩蹦床，了解 15 岁的女儿的男友，与 20 岁的孩子分享学习外语的热情，这些都是我用空出的时间去享受的生活。

我热爱我的生活。个人生活和职业生涯都令自己非常满意，这种体验棒极了。或许我没能成为好的全职母亲，我一直绷得太紧，而这种平衡让我受益匪浅。

但是，我确实明白，每周的生活都如高空走索，胆怯者根本干不了。如此这般，我才能挤出时间。我做梦都想独自去逛博物馆而不用感到内疚，或者抽半天时间做做足疗，而这些都是不切实际的奢望。

> 一条建议送给年轻女性：及早做全面打算，不管是个人生活还是职业生涯，都要依全局而定；找一份可以变通规则的工作，然后拼命地工作使得规则为你变通。[16]

这些就是"有为一代"中的代表人物：九位勇敢的杰出女性，她们选择将自己的生活和奋斗全盘托出。我们能明显感受到，她们的谈话中充满了心灵的坦然和未加掩饰、无所畏惧的诚恳，这令人感触万千。成功人士从来都是需要提升形象、维护声望，但她们为了帮助别人，暴露了自己脆弱的一面。这种事情经常发生吗？几乎从未有过。因此，这些故事将成为一代人给予下一代的稀罕而珍贵的礼物。作为其中一员，我既感动又感激。

当我问这些女人，为什么她们愿意公开自己的生活，袒露伤口，再次感受疼痛。好几个人都直言相告，她们担心那种状况和抉择得不到改变，她们想预先警告年轻女性，让她们提前做好准备。斯特拉·帕森斯说得好："年轻女性应该知道未加修饰的真相，这能帮她们应对现实。"实际上，这些豁达而勇敢的女人们感受到了这个社会的不公平，而这个社会仍在迫使女性面对残忍的选择。她们希望年轻一代能有更多的机会，在生活中有所收获。"毕竟，"玛丽·法雷尔说，"无论成就高低，男人们难道不是照样期待同时拥有事业和家庭吗？"

再说最后一点。在《美国女儿》——温迪·沃瑟斯坦最黑暗的戏剧中，女性领袖利萨·登特勇于直面种种挑战，这些挑战是每个想要兼顾生活和事业的女人必须面对的。在戏剧的开场，利萨好像在各方面都很成功。她有一份出众的职业，稳定的婚姻和两个教养良好的孩子。可是，随着剧情的发展，她被"陪审团门"丑闻拉下马，失去了被任命为美国医务总监的机会。当总统、媒体、各种朋友，甚至她的丈夫围攻她的时候，利萨敏锐而痛苦地意识到，成功女性激发了人们普遍的怨恨。"人们会觉得有些女性就是拥有太多。"她跟她忠实的朋友朱迪思·考夫曼说道。[17]

　　利萨的故事使人们注意到至关重要的一点。如果年轻女性想把选择余地变得更好更大，她们需要先过这一关：如何应对这种如此恣肆的文化态度，即女人渴望多方面的成功似乎是很不体面的，甚至是贪婪的。不知为何人们会有这种看法，认为如果女人在生活中没做出牺牲，她就不是女人了。还记得希拉里·克林顿在推进"医疗保障初步法案"时，她的民意支持度是如何直线下降；而她因丈夫的出轨丑闻而蒙羞时，民意支持度又是如何骤然上升的吗？

　　我都说不清有多少次，受访女性会因为"想拥有一切"而面露愧色，这一直让我感到愤怒。我的意思是，这些女人并没有等着天上掉馅饼，不管是家庭还是事业，她们分里分外的工作都没少做。所以，她们到底为何不该享有丰富全面的人生呢？说到底，女人只是想在爱情和工作之间有权做选择而已，而对男人来说，这些完全不是问题。

第二章　发人深省的现实

2001 年 1 月，我与哈里斯互动调查公司和国家育儿协会合作，发起了一个全国范围内的调查，旨在研究高学历/高收入女性的职业生活和私人生活。在这个名为"高成就女性，2001"的调查中，我们以收入能力为衡量标准，把排在最前的 10% 作为调查对象，集中调查两个年龄段："有为一代"，41—45 岁，以及较年轻的一代，28—40 岁。我们把高成就女性（因年龄而异，收入高于 5.5 万美元或 6.5 万美元）和超高成就女性（年收入高于 10 万美元）作了区分，还包括了一些"高潜能"女性（能力很强，但由于家庭离开了事业的女人）。此外，我们还收入了一小部分男性样本。[1]

调查的结果令人吃惊，让人警醒。部分要点如下：

无子之痛困扰管理层

33% 的高成就女性在 40 岁的时候还没有孩子，而且这个数值在美国企业界高达 42%。[2]美国企业界的超高成就女性中（即那些年收入超过 10 万美元的），无子女的比例高达 49%。相比之下，只有 25% 的高成就男性在 40 岁时还没有孩子，而超高成就男性（年收入超过 20 万美元）中，这个数字则降到 19%。[3]

高成就女性并没有不想要孩子

这些女性中，绝大多数人并没有选择不要孩子。在她们20多岁大学毕业的时候，只有14%的人表示，她们确定不想要孩子。[4]事实上，在已有孩子的女性中，相当一部分（24%）表示，如有可能，还想要更多的孩子。

41—55岁年龄段的高成就女性中，超过四分之一的人说她们仍然想要孩子，而且这个数字在超高成就者中达到31%。鉴于这些中年女性极低的生育概率，这些数字反映出她们巨大的痛苦和渴望。

39岁之后，高成就女性生育的可能性极小

41—45岁的高成就女性中，只有1%的人是在39岁后才要上第一个孩子。在超高成就女性中，没有一个能在36岁后生育。每组有孩子的女性中，绝大多数是在二十八九岁之前就生下第一个孩子。

35岁之后，高成就女性结婚的可能性极小

已婚的高成就女性往往是趁着年轻就结了婚。在大龄组中，30岁后才第一次结婚的人只占8%，35岁以后的只占3%。

高处的女人更孤独

大龄组中只有60%目前已婚；美国企业界的数值更低，仅57%。[5]相比之下，大龄男性中有76%目前已婚，而超高成就男性的数值高达83%。

美国非裔女性面临的情况更艰难

仅有33%的非裔高成就女性已婚，43%有孩子。大龄组（41—45岁）里，48%的人没有孩子。事实上，大龄非裔女性中，无人能在37

岁以后得子，没人在 28 岁后结婚。[6]对有色人种女性来说，事业和家庭的平衡是一项更为艰难的挑战。

家里家外一样忙

高收入女性同样也要承担照顾家庭和孩子的主要责任。实际上，40% 的高成就女性认为，她们的丈夫在家务上帮的忙远没有添的乱多。

甚至对超高成就女性来说，情况也是如此（她们中有一半人嫁给了比她们赚得少的男人）。在她们的家庭中，只有 8% 的丈夫负责辅导孩子功课，仅有 5% 的丈夫负责打扫房间。

生殖前沿技术的疯狂炒作

尽管已有 21% 的年轻组女性遭遇到生育方面的问题，但仍有 89% 的年轻高成就女性相信，她们在 40 多岁时依然可以怀孕。

高层职位的工作时间很长，而且越来越长

女性越成功，每周的工作时间就越长。29% 的高成就女性和 34% 的超高成就女性每周工作要超过 50 个小时（医药、法律和学术工作时间尤其长）。在超高成就者中，相当一部分（14%）的人每周工作超过 60 小时。这些女性中有三分之一，她们的工作时间比五年前更长了。

与企业员工相比，女性创业者在平衡生活方面做得更好

在自由职业的高成就女性中，没有孩子的可能性要比企业女性员工要小很多（大龄组的比率是 22%：42%）；超高成就者中的差别更大（22%：49%）。自由职业女性结婚的可能性也比企业女员工更大（67%：57%）。

年轻女性面临着的抉择甚至更加艰难

"有为一代"女性所面临的艰难取舍同样困扰着年轻女性。实际上，如果你对比年轻组和大龄组 35 岁前生子的情况，年轻女性似乎更糟一些。在 35 岁时，只有 45% 的年轻女性有孩子，而大龄女性达到 62%。换句话说，较之上一代女性，年轻女性更难以平衡工作和家庭。[7]

离职的高潜能女性想重返职场

很多高潜能女性认为，工时过长、老板苛刻和工作缺乏弹性等因素使她们在孩子出生时被迫辞掉了工作。大部分人（66%）希望能重返职场。

工作福利制度意义重大

有些高成就妈妈没有中断职业，她们的供职单位往往能够提供较为丰厚的工作和生活方面的福利，包括弹性工作制、带薪假期、工时减少等。反差强烈的是，许多高潜能妈妈们离开的公司没提供多少工作和生活方面的保障政策。

"不要孩子"的员工通常怨恨育儿"津贴"

没有子女的高成就女性中，有 54% 认为很不公平的是，有孩子的员工在单位里落下的工作往往指望她们去完成。在职父母和"不要孩子"的同事之间有可能会变得势同水火。

高成就女性对"全部拥有"持怀疑态度

只有一小部分高成就女性（16%）认为女性完全可以"兼得"事业和家庭。女性往往认为在这方面男性会更加顺利：39% 的高成就女性认为男人可以"全部拥有"。

这些数据引人注目，具有说服力！不过，在仔细研读本次调查的海量数据之前，我想从过往文献之中回溯"高成就女性，2001"调查的相关研究。

　　经过深度挖掘，我们能看到过去15年间发表的十项研究，这些研究提供了关于高成就女性，以及她们婚姻和子女的数据。[8]特别是其中一项研究，追踪了工作和家庭之间的冲突，可以回溯到20世纪早期。在1995年发表的一份题为"事业与家庭：大学学历女性回顾"的研究中，哈佛大学经济学家克劳迪娅·戈尔丁跟踪了四组大学学历的女性，她们的职业和家庭生活代表了20世纪的各个阶段。[9]第一组和第二组中的女性（分别毕业于1910—1933年）被迫在家庭和事业中做出选择，她们不能两者兼得。第三组（毕业于1946—1965年）采取了"先家庭后工作"的模式。对她们来说，家庭在时间先后和优先顺序上都是第一位的，尽管她们也会在孩子成家后重返职场，一般会在粉领阶层找个工作。第四组（毕业于1966—1979年）包含了一大批试图同时追求家庭和事业的女性，其中很少有人成功。戈尔丁发现，在"有为一代"女性中，只有一小部分（13%—17%）能在40岁时同时拥有事业和孩子。实际上，在事业有成的女性中，足足有50%的人没有孩子。

　　克劳迪娅·戈尔丁生于1946年，她也是"有为一代"中的一员。我在1999年10月采访她时，她滔滔不绝地谈起了她这代美国女性所面临的"残酷的抉择"。她说到自己的研究，也说到了自己的生活。作为哈佛大学经济学类第一位被授予终身教职的女性，戈尔丁没有结婚也没有孩子。她认为自己为事业付出的代价实在太高。

　　说到其他研究：在1994年发表的一项研究中，丹尼蒂·利特尔通过观察公共事业部门的管理层女性并试图回答这个问题：她们是如何进入高层的？这些女性中，有51%没有孩子，31%没有结婚（单身、离异或分居）。在1996年的书中，德博拉·斯维斯研究了325名女性的经历，她们在各自的行业超越了职场障碍并取得了成功。这些女性中40%没有孩子，35%没有结婚。"催化剂"（Catalyst）组织在2000年发布的一份关于工商管理硕士（MBA）毕业生的研究发现，女生比男生更有可能要不上孩子（45%：34%），结不了婚（31%：20%）。[10]

上述以及尾注中提到的各个研究极具说服力。各行各业的高成就女性仍在非常艰难地兼顾着事业和家庭。根据这些研究，高成就女性中的34%—61%，人到中年仍没有子女。

不过，若是对全国情况做全盘了解，这些研究是力所不及的。它们提供的数据零散不全，这个研究考虑的是某一个特定的毕业班，那个关注的可能是另一个特定经济领域。它们相互之间往往也不一致，年龄组和年代的不同划分使得数据难以组合和比较。此外，由于此类研究中有很多是针对特定的职场问题，比如玻璃天花板、性别鸿沟、性别歧视等，所以它们提供的关于婚姻和孩子的数据缺乏广度和深度。比如，这些研究中基本拿不出相关信息来表明无子女的妇女是如何看待母爱的。这些女人想要孩子吗？如果想，主要是什么因素让她们无法要孩子呢？当我为了写这本书开始着手进行研究时，我很快就发现，如果想要弄明白职业女性如何看待家庭和工作方面所面临的挑战，就需要更有力的数据。就是那个时候，我决定设计并实施"高成就女性，2001"调查。

现在可以深入探察一下有哪些收获了。我的目标是，调查数据能够代表"高成就女性，2001"的受访男女们的呼声。很多受访者通过电话或者电子邮件，表示愿意参加后续访谈，而且在实施调查的随后几周，我就与大约50个人进行了谈话或通信。采访记录和第一章讲述的故事大不相同。接受专访的女性都是杰出的、高收入的个例，与她们不同，参加调查的是"普通的"职业女性，因她们能代表全国前10%的女性而被选中，不是那种遥不可及的群体。大龄组（"有为一代"）中包括了年收入超过6.5万美元的女性样本，年轻组中包括了年收入超过 5.5 万美元的样本。还要注意的是，不同于第一章中表述详尽的深入采访，这些记录都是基于非常短小的采访，受访女性也并不出名。这个调查的先决条件就是参与者都是匿名的。以这些为前提，我希望她们的呼声能够通过"高成就女性，2001"的调查数据活灵活现地呈现出来。

渴望孩子

45 岁的萨拉是亚特兰大的一家大型保险公司的客户经理。她不想要孩子的想法现在起了变化。

> 直到去年，我都不愿承认。如果有人问我想不想要孩子，我会看着他们的眼睛，坚定地说不想。而且，我还会说些故事唬住他们，表示我的生活是多么棒。我会描绘我的工作令人兴奋，度假都去国外，还会兴致勃勃地说自己"毫无负担"——这个词我一直都喜欢用。然而，去年夏天，比我年轻好多的妹妹生了孩子。对孩子的渴望如雷霆闪电般击中了我。我发现，只要来到新生侄女身边，这种渴望让我痛苦得无法自拔。有一次，我抱着小露西，而她搂着我的脖子，我感受到了她那种新生宝宝的皮肤是多么的柔软。那时，我再也压抑不住想有个自己宝宝的生理渴望了。
>
> 这种感觉让我不知所措。我想，我必须承认孩子很重要，而我漏掉了这件大事。

萨拉的想法和感觉与本书的重点很贴合。我们可以从本章开头提过的调查得知，33% 的大龄高成就女性没有孩子，在萨拉所在的美国企业界，这个数值高达 42%。调查还表明，不同的职业之间差别明显。在女性学者中（教授和其他高层次教育者），没有孩子的比例相对更高（43%）；而在女性创业者中，这个比例相对较低（22%）。

创造生活

超高成就女性（年收入超过 10 万美元）之间的差别甚至更大。企业中的高层女性的情况尤其糟糕（49% 没有孩子），创业者则要好得多（22% 没有孩子），医生和律师的情况居于两者中间。

而且调查显示，对于这些女性中的很多人来说，没有孩子这个结果并不出于本心。在"高成就女性，2001"调查中，我们问了这样一个问题：回到你刚大学毕业的时候，那时你想象的未来生活是什么样子，你想要孩子吗？只有 14% 的人说她们确定不想要孩子。换句话说，高成就女性的"现实"和"梦想"之间是有很大差距的。

还有一个现实情况，大量"有为一代"女性的孩子少于她们原本打算要的数量。她们大学刚毕业时，只有 8% 的人想要一个孩子，大部分（55%）想要两个，相当一部分（17%）想要三个。结果，32% 的大龄高成就女性只有一个孩子，这给很多人的生活留下了遗憾。

46 岁的索尼娅是芝加哥大学的研究科学家，她谈到了想要第二个孩子的失败经历：

在我 36 岁的时候，我们有了第一个孩子。那次是完全正常的妊娠，儿子出生时我们高兴坏了。我还记得，当时我还非常得意于能把时间安排得恰到好处。我拿到博士学位并安顿好工作，然后才开始要孩子，这似乎是非常明智的做法。三年后，我怀上了第二个孩子，但在第十周流产了。我非常难过，但也没太当回事。我觉得就是几个月的事儿，我会再度怀孕。但是，我再也没怀上。四年的时间里，我们接受了多次不孕症治疗，但都无济于事。最后我们被迫放弃，极度的沮丧让我无法呼吸，直到现在我才走出来。

我是多么想有两个孩子，要是我早一点意识到这点就好了，这不光是为了我自己，也为了我的丈夫和儿子。

每周六上午，我和朋友一共三人约好去附近的健身中心。三个女人各有一个宝贝孩子。锻炼只是借口，我们见面其实是在倾诉痛苦。我们坐在吧台边喝着果汁，说到伤心处掉下泪来，然后倒出更多的苦水。

我们的情况各不相同，其中一个的丈夫年龄比她大得多，根本不想要第二个孩子。而另一个40岁出头，刚刚离婚。但是，我们都无法再要孩子了，这种痛苦是一样的。

听起来我们是不是疯了？一个想象之中的孩子怎么可能让人痛苦到这般地步？

部分原因在于，我们都已有了深爱着的孩子，我们知道自己错失了什么。

在孩子方面，高成就男性就没有经历过"理想"和"现实"之间的巨大遗憾。就能否要孩子而言，两者之间的差异很小——79%想要孩子，75%有孩子。另一个不争的事实是，绝大多数功成名就的男人拥有的孩子不止一个。他们中16%有一个孩子，46%有两个，其余的（38%）超过两个。

在时间上，男人也占优势。第五章中我们会看到，女性的40岁基本上就是生育年龄的终结，而男性如果愿意，再过好多年还可以当爸爸。

调查里有一个开放式问题，请那些没有孩子的大龄高成就女性谈一谈，她们为什么没有孩子。她们谈到的原因各式各样：19%认为是生育问题；13%说因为没找到伴侣，而且不想独自抚养孩子；另有13%说她们的丈夫不想要孩子；等等。

卡拉，46岁，是旧金山的室内乐团的乐手。一个不愿意要孩子的丈夫能有多大的否决权，她对此深有体会。

我刚过40岁，正是最渴望要孩子的时候，我决定不再等待意中人，应该勇敢地独自领养一个中国宝宝。

接下来，我做了相当多的工作，我完成了家庭学习，任何领养都需要的烦琐流程也走完了一半。就在那时，弗兰克走进了我的生活。我们相爱了，几周后他搬进了我的住处。我感觉幸福极了。经历了25年的恋爱失败之后，我终于找到了梦中人。但是，弗兰克也提出了条件。他刚刚55岁，和第一任妻子生的三个孩子都已长大，他很明确不想要孩子。对他来说，要孩子就没得谈。他让我坐下来，温柔但是坚定地说："我希望我们结婚，但前提是你永远不再去想视频里那些可爱的中国宝宝。"我哭了，为自己感到遗憾，但最后还是同意了他的要求。去年夏天，我们结婚了。多数时候，我还是觉得这个决定是正确的。

婚姻的面目

42岁的安妮特是一家华盛顿法律公司的合伙人，有着愉快的婚姻生活。但她坚定地认为，如果要经营一段感情的同时还要发展事业，婚姻生活就不会愉快。

我直到27岁时才结婚，但婚前已经同居五年了。事实上，汤姆和我上高中时就认识了，大学二年级时开始约会。当我们踏入婚姻殿堂时，我们已经谈了十年恋爱了。

回想起来，我觉得我挺幸运的。大学期间是进行感情交流的最佳时间，这是一生中唯一一段整个周末都可以用来谈情说爱的时光。面对日后的艰苦岁月，你可以建立彼此的信赖和亏欠感。至少对我来说，24—34岁这些年就是一团乱麻。先是读法学院，然后是当助理的7年难熬的日子，我每天工作12—14小时。直到当上了合伙人，我才能够喘口气。

如果早年没遇到汤姆，我都不知道自己会不会结婚。看着我的单身朋友们，我会惊讶于当你全力以赴干事业的时候，精心维护一段刚开始的感情是多么的困难。

我们从调查中了解到，目前只有60%的"有为一代"女性已婚，企业界的数字低至57%。同样，不同的职业之间有差别。年龄在41—45岁的女性创业者中，有69%的女性目前处于已婚状态，但在职业女性中（律师和医生），这个数值下降到51%，而学术界女性的数字仅有45%。

总体来说，与男性相比，高成就女性结婚的可能性要小得多。在41—45岁年龄组中，四分之三（76%）的高成就男性目前已婚。职业男性中，这个数值有轻微的下降（70%）。与高成就男性相比（12%），高成就女性离婚或分居的可能性同样也更高（18%）。

已婚高成就女性的结婚年龄一般偏低。大龄组（41—45岁）中，75%的已婚女性在24岁之前完成第一次婚姻。只有8%在30岁后才第一次结婚，35岁以后结婚的只占3%。

高成就女性往往会嫁给非常成功的男性，她们中十分之九（89%）嫁给了全职或自由职业的男性，四分之一的人嫁给年收入超过1万美元的男性。其实，高成就女性的丈夫中，只有14%的年收入少于3.5万美元。与之对比鲜明的是，高成就男性中只有39%娶了全职工作的太太；而她们中间，有40%的年收入低于3.5万美元。这些男性的婚姻对象，事业心通常似乎不像他们那么强。在受访的年轻高成就女性中，至少有些人认为男人很容易感受到来自她们成就的威胁。利娅是一位28岁的法学生，她这样说道：

> 我简直不敢相信，就我这样一个有雀斑有纹身的女孩，居然正在变成那种让男人害怕的女人。去年秋天，我来到纽约大学就注意到了这一点。那时，我遇见一个布鲁克林法学院的二年级男

生，我们约会几次。不过，从一开始，他就对外界认为的"我
的"学校比"他的"好的说法表现出明显的反感。其实谁在乎
呢？反正我是不会，但他却总是念念不忘。于是，这就成了问题。
在对我的学校冷嘲热讽连续几周后，我说"算了吧"，然后就分
手了。挺可惜的，我挺喜欢他的。

高层职位

33 岁的玛丽莲在波士顿的一家广告公司做行政主管，她对工作时
间安排的变化有着有趣的看法。

在我小时候，爸爸一直是广告业的行政主管。他就职的公司
要小很多，但撇开这一点来看，我的工作和他在我这个年龄时非
常相似。是的，爸爸不会打字，也不喜欢自己打电话。所以，一
旦他的秘书下午5点下班回家，他就什么都做不了。在秘书第二
天上午9点来上班前，他甚至都不愿装模作样做点工作。我记得
我十岁的时候，爸爸开玩笑似的告诉妈妈，这就是为什么他需要
在6点整的时候吃饭。

我经常会想他和我的工作安排有何差别。可以确定我在办公
室待的时间更长，不仅如此，现代技术还把工作渗到生活中的角
角落落，让我如鱼上钩般摆脱不掉。在办公室和家里，我都有电
脑和传真机；办公室和家里的电话，以及我的手机，都设置了语
音留言；我在办公室和家里都能查收电子邮件，老板刚给我配了
部黑莓手机，以便我能随时随地查阅邮件。

在回答调查表上每周工作总时间的问题时，我写了56 个小
时。这看起来是一个可靠的数字，能够涵括我每天花在办公室的
10 个小时和每晚在家读邮件的时间。但是，这个数字还是反映不
了真实的工作负荷。每时每刻都要保持联系，这个要求让我倍感

焦虑，也占用了我大量的时间。我想我无法像爸爸每天做的那样，切断联系、停下工作。[11]

"高成就女性，2001"告诉我们，29%的高成就女性的工作时长和玛丽莲一样，每周工作超过了50个小时。越成功，工作时间就越长。34%的超高成就女性每周工作超过50个小时，医药、法律和学术研究等领域的工作时长似乎更甚。

在不同的职业和领域中，高成就女性都在更加努力地工作，哪怕只和几年前相比。比如，几乎三分之一的高成就者比五年前更忙；这些人中有四分之一和过去相比，每周多工作20个小时。在超高成就者中，三分之一的人比五年前更努力，她们之中超过三分之一的人每周比过去多工作20小时。四分之一的超高成就者每三个月中至少有五天出差在外。

受访者中，无论男女，都有很多人对生活中的工作压力感到厌恶。

约翰，37岁，就职于马萨诸塞州剑桥市的一家图片设计公司。他认为长时间工作的企业文化毫无效率和公平可言。

我希望像过去那样，员工在晚上和周末加班是个别现象，而不是意料之中的常态。努力工作并不等于每个人必须加班，你可以灵活变通，利用现代技术，巧妙使用部门内部的协作，然后5:30就下班走人。但是，在今天的工作环境中，这些做法不太受欢迎。相反，你必须要尽量增加你的"露脸"时间，特别是下班时间之后。不过，这对你的家庭生活可是个致命打击。

下班之后

高成就女性仍然承担着大部分家务活。50%的已婚高成就女性是家里做饭的主力，只有9%的丈夫或伴侣负责做饭。[12]她们中有56%在家洗衣物，只有10%的丈夫会做这项家务。有45%的女性打扫房间，只有5%的丈夫会负责打扫。与大龄组相比，年轻组的妻子们做的家务稍微少了一些，而丈夫们稍微多做了一些。这说明，近些年来，家务活的分配变得稍微公平了一点。但是，这些变化微乎其微。举个例子来说，大龄组中的丈夫有8%在家负责洗衣服，相比之下，洗衣服的年轻丈夫也只达到13%。

把一天的家务分工归结起来，结果令人吃惊：高成就女性中，43%的大龄女性和37%的年轻女性认为，她们的丈夫给家里带来的麻烦比他们帮的忙还要多。39%的超高成就女性也是这样认为的，且不说她们中有一半人挣得比配偶还多。可想而知，不公平的家务分工会导致婚姻关系变得紧张。

37岁的德博拉住在明尼苏达州的圣保罗，是一家小型出版公司的总裁。她谈了她的感受：

丈夫在家里惹的事儿是不是比他们帮的忙还要多？我很喜欢这个问题，我不正有这样一个丈夫吗？丹是一个好男人，但跟他过日子真是超累。我能知道他在哪个房间待过，因为他总会留下一堆的痕迹——啤酒瓶、咖啡杯、湿毛巾、牙线、垃圾邮件，什么都有。他辩解说，他没怎么收拾是因为他真没"看"到有什么脏乱。

如果，我指定一件事让他去做，他会去做，但做得很糟糕，以至于我通常不得不再重新做一遍。清理完餐桌后，他会把碟子一股脑堆进水槽，而不是清空洗碗机，把脏碟子放进去。他去买东西时，不愿意使用购物清单，觉得那东西很烦。结果，我总是不得不再跑一趟，去买他忘掉的东西。这些都不是新毛病，十三年来，我一直在想办法改变他的行为方式——我哄骗过、利诱过、威胁过，还发过脾气。但是，这些都不起作用，全被当作了耳

旁风。

过去他工作压力比我大的时候，我不是这么在意，跟着他后面收拾，做了大部分的家务活。但现在我挣得比他多了，工作也比他更忙，还这样就让我难以忍受了。他的最新借口是"积习难改"。拉倒吧！这种话怎么能让我不生气？

说到对孩子的照顾，丈夫们做得也没好到哪儿去。"高成就女性，2001"调查可以告诉我们，只有9%的爸爸会在孩子生病时放下工作来照顾孩子，而会这样做的高成就妈妈高达48%。只有8%的爸爸会负责辅导孩子的作业，而妈妈有39%会这样做。爸爸中只有3%会组织出外游玩和暑假露营之类的活动，而这样做的妈妈有58%。

浪费的潜能

"我至少每周问自己三次，"马西娅伤感地跟我说，"我可以改变这一切吗？"

马西娅今年53岁，她谈起18年前曾有机会成为威彻斯特郡的一个文科学院的系主任，但她却放弃了。

当时，我似乎别无选择。就在我们第二个孩子出生之前，IBM公司决定把我丈夫派到奥斯汀市，所以我辞掉了工作，一家四口搬到了得克萨斯州。当然，我当时也没想到，此后再也没有机会得到这样好的工作了。

现在，目睹了女性的"崛起"，我愿付出任何代价，只求有个值得我全力以赴的工作。我可不是光想不做。过去的五年里，我申请的工作不下四五十份，得到的却只是当地一所私立学校招生处的工作，大概只需我的能力和精力的十分之一就能干好。

美国国家统计局的最新数据表明,目前足足有 22% 的妇女持有各种专业学位(工商管理硕士、医学博士、专业学术博士以及其他),却没有成为有偿劳动力。[13]原因相当明显,"高成就女性,2001"调查显示,大量有才能的妇女是在生育之后被迫放弃了工作的。此外,调查还显示,66% 的高潜能女性愿意重新开始全职工作。

这些女性受过高等教育,具有精彩的工作履历。她们中有 5% 放弃的是首席执行官的职位,超过三分之一(40%)放弃的职位距离首席执行官仅一步之遥。她们中的大多数是在第一个或第二个孩子出生时离开工作的,有 45% 的人认为,是过长的工作时间迫使她们决定离职的。另外,40% 的人把这归咎于不近人情的管理者,他们不提供也不鼓励工作和生活保障政策,比如弹性工作制、带薪或不带薪的产假、儿童托管等。莫琳就是一个典型的例子。

我怀德博拉的时候就已经是布鲁克林一家博物馆的事业发展部总监。当时我 37 岁,曾流过产,所以我的老上司容许我缩短一点工作时间。可是,在我怀孕三个月的时候,他被解雇了。新上司严格了许多,要求我每周工作 50 个小时。此外,她还故意派我出差,真是糟透了。怀孕七个月的时候,我的孩子早产了。我休了几个月的假,正是那个时候,我的职位被人占了。我知道,我是有合法权利去争取要回工作的,但从当时来看,这样做得不偿失。我要照顾一个 3 磅重的婴儿,每两个小时就要哺乳一次。回想起来,博物馆的使命之一正是歌颂人类有史以来的家庭生活,这真是太具讽刺意味了。

我没去争取要回那份工作,这真是个错误。德博拉现在已经 5 岁了,于是从去年冬天,我开始去找工作。我发现选择面真的很窄,我开始意识到,我可能再也找不到我丢掉的那份工作了。

认为怀孕引发了自己在职场上的糟糕待遇，这样想的人远不止莫琳一个。调查发现，很多目前离职的高潜能女性之所以离开工作，是因为缺乏充分的工作和生活保障政策。相比之下，目前在职的高成就女性所就职的工作单位，往往能为在职妈妈们提供大量的帮助。弹性工作制、远程办公、工作安排缩减、带薪产假、压缩工时以及幼儿托管方面的帮助，所有这些都包括在这些单位的福利之中。

在职的高成就女性强烈感受到，不仅工作单位提供了全套工作和生活保障政策，而且领导们也鼓励人们使用这些政策；差不多90%的受访者说，她们亲身使用过某项政策。与之对比鲜明的是，由于家庭原因离职的高潜能女性中，只有7%认为她们之前的上司曾鼓励使用这些政策。

看起来，工作和生活保障政策颇有成效。提供丰富的福利选项的公司更有可能留住生过孩子的高成就女性。抛开别的不说，仅此就意味着这些公司不需要担负替换专职雇员的巨大费用。第六章会对此话题另有详述，专门探讨职场政策问题。

给年轻女性的忠告

"高成就女性，2001"调查有一些属于年轻女性的好消息。与大龄组（41—45岁）相比，年轻组（28—40岁）的女性更有进取心。在大学毕业时，67%的人期望能坐到行政主管的位子（大龄组中只有56%这样想），而且有足足83%的人期望能拿到高薪（大龄组中只有71%）。

前面已经提到，与大龄女性相比，年轻女性负责家务的可能性较小。洗衣服就是个很好的例子，年轻女性中只有47%负责这项家务，而大龄女性中有63%负责。

但生育方面的数字就没这么振奋人心了。

"高成就女性，2001"显示，只有40%的年轻高成就女性有孩子，而在年轻的非裔美籍女性中，这个数字低至 34%。在工作和家庭方面，年轻的黑人女性面临的困难比年轻的白人女性还要更加艰巨。

很显然，这些年轻女性中，许多人面临着根本要不上孩子的风险。年轻组的年龄中间数是 34 岁，这对她们的生育机会来说可不是个好兆头。调查表明，高成就女性往往会在 20 多岁或 30 刚出头的时候要孩子，大龄女性生育第一个孩子的最普遍年龄是 22 岁，而从目前来看，年轻女性的这个年龄是 29 岁。（见图 2—1）

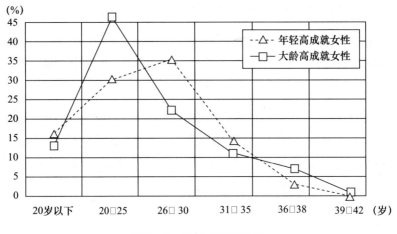

图 2—1　首次产子的年龄

也许有很多年轻女性寄希望于辅助生殖技术，期望能到 38 岁或 40 岁的时候再要孩子。"高成就女性，2001"调查表明，89% 的人相信辅助生殖技术可以让她们在 40 多岁时还能生育。让我们看看埃米的例子。

29 岁的埃米是明尼阿波利斯市的瑜伽教练，一年收入 2.9 万美元。仅看收入，她是不能够参加"高成就女性，2001"调查的；她能加入是因为她以优异成绩获得了斯坦福大学的学位。通过电子邮件，埃米讲述了她的长远规划。

我觉得在考虑要孩子之前，我还有十几年的时间。哇，这样一想，压力就全没了！我的计划是继续做几年瑜伽。我喜欢瑜伽，而且它开始让我有机会去旅游，我下个月就要去巴厘岛开一个瑜伽班。然后，35 岁前后，我会再回到学校读 MBA 学位，再找一份正式的工作，甚至还会和瑜伽有关。那时我就 40 岁了，我会准备结婚，组建家庭。我简直说不出多么庆幸新型生育技术能保证人们到了 45 岁还能要上孩子，说不定还能再晚点。好像每次我拿起报纸，都会看到又一个医学突破。加油干吧，医生们！

埃米对待生育的轻松态度或许没什么问题，可话说回来，这个态度也许大有问题。"高成就女性，2001"调查表明高龄产子极为少见。在 41—55 岁的年龄组里，只有 1% 的女性在 39 岁以后才生育第一个孩子，而非裔女性在 37 岁后就无人能生育，超高成就女性在 36 岁后无人能首次产子。事实上，在所有的组别里，大部分的大龄妈妈都是在 20 多岁时生下第一个孩子的。在第五章中，我们会看到相关证据，表明埃米在 40 多岁怀孕的机会十分渺茫，可能性大概只有 35%。

如果她的生活到 40 岁才稳定下来，那么恐怕结婚也不是件容易事。这方面的调查结果非常令人沮丧。大龄的已婚高成就女性往往结婚比较早，总体来说，只有 8% 的首次婚姻是在 30 岁以后，只有 3% 是在 35 岁以后。对于大龄的非裔女性来说，情况更为极端，她们中没有人在 28 岁以后结婚。

由此看来，"结婚要趁早"这个模式似乎会在年轻群体中重演。到目前为止，年轻组中 54% 的婚姻都是在 24 岁前完成的。实际上，20—24 岁的结婚人数多于 25—29 岁。

不过希望还是有的，年轻的高成就女性仍然有时间和机会上的优势。我要敦促她们汲取前辈们的经验教训：大量的高成就女性错过了最佳时机，人到中年还找不到意中人，也要不上孩子，陷于深深的懊恼之中。年轻人了解到这些，就有可能采取更为积极的行动。最近，作家安娜·昆德伦在维拉诺瓦大学毕业典礼上的演讲极具说服力地表达了这一观点：

> 写一份简历比磨砺一种精神要容易得多。但是，在寒冬的夜晚，或者当你难过、伤心、感到孤独时，或者当你的体检发现问题时，简历是无济于事的。
>
> 这是我的简历：我是三个孩子的好妈妈，是我丈夫的好朋友，我努力践行着我的结婚誓言。我与朋友们真诚相待，没有她们，今天我不会在这里，因为我就会像个剪贴画中的角色一样毫无生气。但实际上，我会给她们打电话，和她们一起吃午餐。我愿意参与，乐于倾听。
>
> 如果离开这一切，我在工作上会变得一塌糊涂，至少也是碌碌无为。如果工作成为你的全部，那你就绝无可能把它做到最好。这就是今天我要告诉你们的：去生活，真正地生活，而不是疯狂地追求进一步升职、更高的薪水和更大的房子。如果某天下午，你出现动脉瘤破裂，或发现一个乳房肿块，你还会觉得自己这么在意那些东西吗？

"全部拥有"：神话还是现实

调查显示，只有一小部分的高成就女性——确切说是 16%——认为女性非常有可能事业家庭"双丰收"。受访的女性苦于人生之路上的重重坎坷，可她们似乎又认同牺牲或许就是女性人生的一部分。比如温迪·沃瑟斯坦的剧作《美国女儿》中的利萨·登特，人们会觉得公众对她的看法过于苛刻，但又认为成功女性都是"想要的太多"或"拥有的太多"。

在下面的采访和电子邮件中，很多没有孩子的高成就女性——尤其是大龄组——在回答是否认为女性可以"全部拥有"的问题时，表现得愤恨不已。下面的一些邮件内容节选反映了她们的感想：

> 鱼和熊掌两者兼得？这个问题太傻了！
>
> 我不会这样说，我觉得这是扯淡，任何东西你都不可能"兼得"。你把生活重心放在某个方面，那么其他方面多多少少会做些妥协。
>
> 这是白日做梦！就算是超级女强人也没法一天挤出那么多时间。
>
> 大部分人以为这意味着你不必做出牺牲，大错特错！！！对我来说，这意味着你愿意为最重要的事情做出牺牲，或拿之做交换！

最后，还要说说男人们的看法。奇怪的是，调查显示高成就男性比女性更加质疑"全部拥有"的可能性，只有7%的男性受访者觉得男人可以兼得事业和家庭。这个意外的发现促使我对参与调查的男性进行了一系列跟进采访。

克雷格是一位53岁的内科医生，住在俄勒冈州的波特兰市，是一个有着深刻自省的人。

> 表面看来，我似乎拥有了一切：成功的事业、持久的婚姻、三个漂亮女儿。但是说实话，我不这样认为。
>
> 从我读完医学院到辞掉医院的职务，在这二十年里，我被牢牢地拴在工作上，无法关注家庭。深夜我回到家时，孩子们已经睡着了；到了周末我已筋疲力尽，没有半点精力陪她们。回想起来，我发现我从没像我妻子那样照看过孩子。我从没在放学后带她们去喝热巧克力，或者带她们和朋友一起玩。直到现在，我都不知道她们喜欢什么音乐，她们是不是害怕死亡。我觉得，这种

创造生活

损失无法弥补，是我埋头工作而付出的代价。

本书中反复提到在爱情和工作之间、事业和孩子之间的两难抉择，看起来不管男女，几乎没有人能够完全逃脱。但是，如果高层职位需要付出代价是不可避免的，那么极不公平的是，目前最高的代价都是由女性付出的。克雷格似乎是一个体贴周到的男人，我很遗憾他没能够多看看孩子的成长。但恕我直言，克雷格的遗憾与萨拉或卡拉相比根本就不算什么。萨拉和卡拉没有孩子，而克雷格有三个漂亮的女儿。他至少有机会去和长大成人的女儿们加深感情，而且还有机会去当世界上最好的外祖父。

第三章　高层工作与做母亲的代价

1999 年的秋天，我通过一个经济学家朋友认识了莉萨·波尔斯基。当时她在华尔街的摩根斯坦利投资银行工作。波尔斯基身为女性高管，很乐于向年轻同事伸出援手。我对她的故事特别感兴趣。她毕竟在华尔街占了一席之地，那里向来是男性权力的固有堡垒。

几个月以来，我们都在世纪俱乐部里匆忙地共进午餐，还在办公室里喝着依云矿泉水聊天。我感觉我似乎正在从她忙得不可开交的生活里"偷走"时间。

波尔斯基在宾夕法尼亚州的乡村长大，五个兄弟姐妹中排行老三，回忆中那是个欢乐的童年。读完高中，她考入纽约大学，取得商学学位，进入花旗银行工作，参与金融衍生品部门的建立，之后她加入了信孚银行。1995 年，她迈出了一大步，摩根士丹利给她提供了总经理的职位。

她的新老板并不知道，这一大步让她陷入了一生中最痛苦的内心拷问。波尔斯基说，

在 40 岁前一个月，我得到了摩根士丹利的工作机会。从各方面来说，这都是对十五年来努力工作的最大回报，我知道自己不想拒绝它，可我也知道，一旦接受这个工作，我就永远也不可能要孩子了。时间不等人，我的机会越来越少。但是，凭良心讲，我怎么可能做好新工作的同时再去要个孩子？这对孩子太不公平。

我即将进入的环境会更加紧张，更不稳定，更强调业绩，工作时间也会更长。为了与亚洲和欧洲的市场同步，我每天很早就要开始工作，每天的工作时间会从十个小时变成十四个小时。当时这些奇怪的矛盾心理依然历历在目，这个决定让我痛苦万分，但当时的任何选择都会让我惘然若失。

我们的谈话涉及了很多话题，比如高层工作中男女收入愈加不平等，导师以及闺蜜的重要性等，我们甚至还谈到了对通胀的担忧和利率的走向。但我们终究会回到这个话题："我再也不能要孩子了。"波尔斯基44岁了，她知道自己的生育年龄已经过了。

我喜欢小孩，一直都认为自己会有孩子，这一点让我特别难受。20多岁时，我很认真地找了个好人家结婚，这样我就能要孩子。可我是结婚了，却仍然没生孩子。我想当然地认为，再多一次晋升，多一点成功，然后花个一年半载就能要上孩子。我只是没能抓住那个"金圈"（译注：旧时美国的一种旋转木马游戏）。

她边沉思边说出当初的选择，语气中有掩饰不住的悲痛。但刚露出一丝伤痛，波尔斯基会立刻退缩回去，小心翼翼地不让我察觉出她的哀怨。

瞧，这份工作很棒，很令人兴奋。不要孩子是我自己决定的，我只是不想当个糟糕的妈妈。这不怪任何人。[1]

与莉萨·波尔斯基的谈话让我想了很多。首先，我觉得她不要孩子的决定真的很有勇气。因为她的收入和婚姻都很不错，她本来可以更随性而为，把生养孩子放在生活的中心。但了不起的是，波尔斯基似乎预见到了为人之母会更加艰难，于是在 40 岁的时候做出了和我相反的决定，这引起了我的很大兴趣。

我在前言中提到，20 世纪 80 年代中期，我担任了经济政策参议会（EPC）的执行主管，那是一家位于曼哈顿的智库，为当时重大政策问题撰写报告。这个职务很棒，但带来的压力也极大。而且，几年后我又开发了新的项目，拓展了资金规模，压力就更大了。到了 1986 年，我想明白了，这份工作光鲜高调，而我的孩子当时还小，我越来越无法兼顾。于是，我辞职了。在 40 岁生日的前一个礼拜，我就这么走过去告诉老板，我感觉自己受不了，需要回家照顾孩子。当时，我只想着好的方面。毕竟，我对生活充满了感激。我有三个漂亮的孩子，有亲爱的丈夫，他支撑起了我们五口之家。我还有机会在家工作——在上一本书成功的基础上，我可以成为一名自由作家。

按想象中的那样，我既高兴又起劲地转型成了一名居家妈妈——陪陪孩子，干干家务。但这时，我发现自己需要克服心中的失落感和挫败感，这是第二次我不得不离开事业了。我已经 39 岁，无法再假装还能东山再起，我已经大不如前。我曾经热爱高校教学工作，也很喜欢分析政策，原因不是我很在意钱或地位（本来也没多少），而是我对自己的工作总是全力以赴。不管是当一名教师还是做政策分析师，我都将热情倾注在经济政策制定这个领域，并且牢守着社会正义和平等机会等价值理念。因此，就这样撒手离开让我极其痛苦。事业渐入佳境之时，却要将薪水、同事、关系全部丢开；更重要的是，我觉得我放弃了此生能够有所作为的小小机会。

但我明白必须要做什么。我的孩子们需要我，尤其是 3 岁的亚当。所以，我回到家，重整旗鼓，开始了新的人生，成为事必躬亲的妈妈，同时还要兼职工作。我用闲散时间工作，很少出差，把大量的时间留给孩子们。像莉萨·波尔斯基一样，我很清楚我的人生选择。即便如此，这些牺牲还是那么真实，那么痛。

现代社会的工作提出了过多的需求和限制，让人疲于奔命，于是就出现了这两个现象：如此多的高成就女性没有孩子；同样，高潜能女性一旦有了孩子，就被迫离开了职场。有些人就此离开，剩下的人好似螃蟹一般，侧身忍让，如履薄冰，不停更改工作形式，以求能照看孩子。

我们从 20 多岁的年轻女性讲起。过来人对后辈的忠告说得很明白：尽量推迟生育。用"催化剂"组织的创始人费利斯·施瓦茨的话说，你会得到"工作上的巨大回报"。[2] 根据《工作女性》杂志和《工作妈妈》杂志的前任主编莉萨·贝嫩森的说法，"显而易见，年轻女性要明白，在 20 多岁的时候要全力以赴干事业。要想成功，就要在至少十年内全身投入工作"[3]。

悲哀的是，专家的这条建议极其合理，生孩子的确会让事业脱离轨道，毁之一炬。如果年轻女性想事业起飞顺利的话，就要避免生孩子。两个因素共同导致了这一点。事业成功的要求是十分苛刻的，尤其是在初期阶段。严格的职业培训、每周 50—70 小时的工作时间、出差以及高压的工作环境，这些都会让上进的年轻女性不堪重负。如果再要孩子的话，孤立无援会让她们的生活变成一团乱麻。至少在美国，政府和企业对在职妈妈向来是袖手旁观，带薪产假、工作保障、弹性工时制、优质幼托服务等福利基本上都不存在。这样一来，女性一旦生了孩子，在就业市场上的行情就会一路下跌。最近的两项研究用特定术语列出了生儿育女所带来的经济损失。哥伦比亚大学经济学家简·沃德弗格发现，即便婚姻状况、经验和教育程度等变量不变，生育后的女性还是比其他女性的收入少。事实上，她发现生一个孩子的工资"罚金"是收入的 6%，生两个是 13%。在另一项研究中，经济学家米歇尔·布迪格和保拉·英格兰发现，妈妈们每生一个孩子，损失的收入是 7%。[4]

工作时间过长，又缺乏家庭支撑，这使兼顾事业和家庭变得让人望而却步。雄心勃勃的年轻女性很快就会得出结论。"我所见到的超级妈妈都完蛋了，"卡伦·马圭尔直截了当地说道，"没有人能做得到。"2000 年的秋天，28 岁的马圭尔在佩恩韦伯证券公司的市政债券部门当一名助理。她一周工作长达 72 小时，连洗头的时间都没有。正常过日子似乎都无法实现，更别说结婚生子了。

10 月的一个星期六，我们约好吃早午餐。马圭尔来晚了，她跑进饭店，长发飞扬，气喘吁吁，满口道歉的话。她说，昨晚和大学时代的几个"男性"朋友聚了一下，她很少能这么开心。晚上结束得太晚，早上怎么都起不来。

马圭尔对工作和家庭的两难选择考虑了很多，她边吃着法式吐司和草莓，边提出了一个所谓"逆向规划"的理论。

"像我这样的女人要做逆向规划，"她说，"意思是，从你的目标出发从后往前推算。问题在于时间太紧了。"

> 以我自己为例。如果我想要两三个孩子（我真得想要），而且如果我不打算借助昂贵的生育技术（作为天主教徒，我觉得还是自然点好），那么我就要赶在 40 岁出头生下最后一个孩子。

> 然后，我开始逆向规划，每个孩子之间留个两三年，这样就推到了 35 岁左右。这时，我的第一个孩子就该生了。于是我会想，好的，赶在 35 岁时结婚生子就必须尽快找个老公。我得花点时间去约会，从见面到结婚还要至少再留两年时间。

> 我做完了这道数学题，然后再看看我的工作，我笑了，因为这就是个笑话。我哪有时间做这些事儿？我现在去相亲的时间都没有，以至于只能求助婚恋网站，甚至连网站也爱莫能助。因为我都没有时间去"挑选"和"维持关系"。

马圭尔是个极有条理的年轻人，喜欢把握住生活的节奏。拿到芝加哥大学和哈佛肯尼迪学院的学位之后，她原本计划进政府工作。但如她所言，"大型商业公司好像把你吸了进去"。

它们在招聘活动伊始，趁你对别的工作还一无所知就抛出橄榄枝，提供丰厚的薪水，让你难以拒绝。所以我就进了这家一流的私企，拿六位数的高薪。

我不想改变我的生活方式。我住在 72 号西街上的一栋又古怪又滑稽的公寓大楼里，大楼没有电梯，楼下是一家犹太烧烤店。不过，与我大多数朋友选择的"有门卫带健身房"的公寓相比，这里便宜多了。但我不自欺欺人，如果我进了政府，收入会减少三分之二，而且工作也很辛苦。

没人相信我忙成什么样。通常我在九点上班，而每周一早上八点，还要开例会。一般我会工作到晚上十点或十点半，星期天还要多加几个小时的班。所以，我需要在上班期间和各种人打交道，而到了晚上和周日，我还要做老板们丢给我的活儿。晚上和周末纯粹是受罪。

日复一日，我吃饭都靠外卖。我开玩笑说，我是通过外卖小哥的衣服来知晓天气的。如果他穿 T 恤，我就知道了外面天气很暖和。我坐在大楼中间的一个小隔间里，开着荧光灯，见不到外面的世界。

我过去以为，如果全力工作七年左右，或许可以轻松一点。但我现在不再期待了。我知道有些人已经工作了七年，还停留在副总裁的级别上，还在拼命证明自己，这些公司的骨干全都听命于真正掌权者。他们随时待命，所以个人生活都跟我的一样糟糕。

过了十年或十二年，到了第一副总裁的级别，情况就不同了。这时候，你有了资源和关系去开发新的业务。而且，如果你是公司的一员干将，那么你终于赢得了一点自主权，可以放下心来，不会被炒鱿鱼了。

当然问题在于，这么多年过后我都 38 岁或 40 岁了，这把年纪可不好再去找老公、要小孩。这偏离了原来的规划。

我问马圭尔是不是她办公室同事都在做着"逆向规划"。

她差点被橘子汁呛住。

"她们以后会的。"她边咳边说。接着，她描述了身边同事的生活，明显能看出他们的问题极具性别差异。

在我们市政证券部的团队里，男性同事有一半已经结婚生子，而且每个人的老婆都是全职主妇。相反，大部分女性同事都还单身，只有两个结了婚，但都没生孩子。

数字的差别让男性和女性在职场上的差距显得尤为突出。女性占员工数量一半，却只占副总裁的四分之一；越来越多的男性组建了家庭，而女性却没有。

级别在我之上的男人们拥有妻子、孩子，还有一两套房子，颇有成就。助理和副总裁都住在新泽西州，而总经理住在康乃狄格州。除了住址，他们的生活都一样丰富幸福。但我可看不出高级别女性们有什么丰富的家庭生活。我们团队里有两位我视为职场典范的女性，都已经四十多岁了。一个已经离婚，另外一个事业上超级成功，但快要离婚了。这两位都没孩子。

我还有最后一个问题。"那么，在这家一流私企中，你打算怎么成就你的事业？"

马圭尔直视我的眼睛："如果我想要孩子，我必须先搞定工作。"[5]

莉萨·波尔斯基和卡伦·马圭尔的情况并不罕见，职场上压力大、要求高，女性都很难熬。她们只占"顶尖职位"中的一小部分，根本无法兼顾家庭和事业。而且，我们还可以后退一步，以更宽广的视角来观察这种情况。

当前，有 6200 万美国女性身在职场。1999 年，25—54 岁的女性中，有 77% 在工作，高于 1976 年的 57%。总的来说，女性占美国劳动大军的 47%。参加带薪工作的女性大幅度增加，而同样切实的进步还包括男女工资的差距缩小。根据美国劳工统计局的数字，在 1979—1999 年，全职男女工作者的年收入比，从 63% 攀升至 77%。[6]

工资差距的迅速缩小令人欢欣鼓舞，的确这值得庆祝。然而，很少会有人注意到，高成就女性和她们的男性同事之间的差距仍然和过去一样，是个根深蒂固的顽疾。1999 年，收入最高的 10% 的人中，女性平均年薪 5.5 万美元，而男性则是 8.75 万美元。换句话说，尽管相比过去，女性得到了更多的决策、行政和管理方面的岗位，但高层女性的工资却仅为男性的 62%。要知道，从 1989—2000 年，顶层职务中女性的比例已从 39% 上升到 45%。[7]

现实情况是，很多女性无法进入高级管理层，而进入高层的女性却拿着比男性同事明显要少的工资。2000 年，在《财富》1000 强企业中的五种薪酬最高的职位中，女性仅占其中的 4%；而且在这些公司的一线职位中，女性也只占 7%（一线职位是那些担负业绩责任的岗位，通常被视为通向顶层的进阶之路）。[8] "催化剂"是一家致力于帮助职场女性的主导性非营利组织，总裁希拉·韦林顿说："除非有更多女人得到一线职位，否则在领导办公室里是见不到几个女人。"[9]的确，1999 年《财富》1000 强企业的领导人中，只有 6 个是女性。

20 年前，商业领袖们会摆一摆手，对这些数字不屑一顾。当时，数以千计的妇女刚进入职场，她们还没有足够的时间来穿越层层等级。但现在还这样可就说不通了。在过去的二三十年间，制造业、银行业、法律界、高校和医院都增加了大量的职业女性，入门级职位的 40%—

50%都是女性。但总体来看，她们得不到提升。职场最底层的妇女们似乎进入了一个旋转门，一只脚已经踏了进去，可是要么就停在原地不动，要么5—10年后又被推了出去。法律界在这方面最为典型。

今天，47%的法学学生是女性，私人法律公司中41%的员工也是女性。然而，这些公司的合伙人中女性只占14%。在法学院教员中，女性占助理教授的52%，但只占终身教授的6%（副教授或正教授）。[10]

这条路已经走了太久。1873年，美国高等法院对一个名叫迈拉·布拉德韦尔的年轻女子作出裁定，判定她不具有宪法赋予的从事法律工作的权利。法官约瑟夫·P. 布拉德利写下了如下观点："女性与生俱来的羞怯与敏感显然不适于公民生活中多种职业，女性至高的使命和天职是完成作为妻子和母亲这类崇高温良的要务。这是造物主的法则。"[11]哥伦比亚大学直到1928年才认可第一个法学女生，直到20世纪60年代中期，女生只占毕业班的5%。

在今天的劳动力市场上，有一个特别糟糕的情况，相对于男性而言，美国女性的工作不如其他发达国家女性做得好。在最近的一项研究中，经济学家苏珊·哈克尼斯和简·沃德弗格比较了七个工业国的男女工资差距，发现美国和英国的差距特别大。比如在法国，女性能拿到男性工资的81%，澳大利亚是88%，瑞典84%，而美国女性只拿到78%，英国才75%。[12]

那么，为什么只有那么少的美国女性升入高层？在缩小与男性的待遇差别方面，她们为什么没能取得其他国家女性那样的进展？

孩子是问题的关键。分析工资差别就会发现，只有一小部分的差别是由歧视造成的（同工不同酬，或由于性别原因在求职、教育或信贷等方面设置门槛）。女性收入能力低于男性的原因越来越出自家庭责任分配的不平等。

主要过程是这样的。在过去的35年中，大多数发达的工业民主国家——尤其是美国——发起了消除歧视的战斗，制定并执行了一系列政策，保障女性享有平等的报酬和机会。美国在 1963 年通过"工资平等法案"；1964 年通过"民权法案第七章"并在 1991 年修改，允许民众在受到歧视时获得惩罚性赔偿；1972 年通过"教育法第九章"。这些都是强有力的法案。歧视还没有消失，但是已经减少了，而且目前较为明显的歧视主要集中在薪酬差别等相对较小的方面。根据近年研究，薪酬差距越来越被解释为孩子对父母的不均等影响。生育和抚育儿女的重担干扰并限制了女性的事业，长期压低了她们的收入能力。美国的男女收入差距比其他国家要大，但这并不是因为美国在抵制歧视方面工作做得差，而是因为不管是职场还是社会其他方面，美国的政策没有与时俱进地帮助职业女性。多个方面的证据都将薪酬差距和女性的家庭负担联系在了一起。

人生各个阶段的收入情况各不相同。在 20 多岁的年纪初入职场时，女性的收入和男性差不多。到了 25—29 岁，她们拿的是男性工资的 87%。这个时候，她们还跟得上男性的收入。然而，到了生儿育女的年纪，女性的收入就开始落后了。在 40—44 岁，女性只能拿到男性工资的 71%。[13]换句话说，女性错失了二十八九岁到 30 多岁时的快速上升期，而男性一般都不会错过。这个阶段在大多数职业中都很关键，而大部分女性却在此时生了孩子，于是很多人就被迫在事业上做出巨大的妥协。有些人离职好几年，还有些人选择了兼职工作。用经济学家莱斯特·瑟罗的话说："25 岁到 35 岁是事业成功的关键期，是努力工作换得最大回报的时期，同时也是建立家庭的时期。妇女一旦在这个时期离开了工作，就会发现她们再也赶不上来了。"[14]

44 岁的提尔莎·瓦尔曼住在新泽西州肖特山，目前在家照顾 3岁、8 岁和 10 岁的三个孩子。她正试着规划职业生涯的"下一步"，这个过程令人煎熬，因为她没想到前方的路如此狭窄。在孩子出生前，她非常努力地工作，创造了第一流的业绩记录。1981 年，她从耶鲁法学院毕业，在美国司法部的反垄断局工作，后来加入了负有盛名的华盛顿凯威莱德律师事务所做助理。几年后她结婚了，由于准备要孩子，她离开了私人律师所，去了港务局做粉领，她称之为公共法律中的贫民窟工作。对瓦尔曼来说，这是个明智的决定。她用薪酬换取了更短的工时和更多的家庭福利；在第三个孩子出生时，她已经积累了足够的资历，获得了六个月的半薪产假。

两年前，她离开港务局，陪她丈夫去了伦敦，他去那里出差六个月。回美国之后，她在育儿方面遇到了严峻的问题。于是，近几年来她都待在家里，偶尔也做点兼职（当法院的指定调解人），但大部分时间都放在了孩子身上。

瓦尔曼发现，"居家"妈妈很难控制住自己的情绪。

> 我真的感觉到了身份的缺失和自尊的下降，然而我也知道这段陪伴孩子的时间非常重要。就在上礼拜，我受邀到迪娜的班级讲律师这个职业——五年级的某个单元是关于职业的内容。我不仅抽出时间去演讲，而且讲完后我还带迪娜出去喝了杯热巧克力，然后用一个小时来讨论为什么她对自己妈妈做演讲感到难堪。最后，我们聊了一些心里话。如果当时我需要赶回去工作，就绝对不会有这次畅谈了。
>
> 不过，坦白讲，将来我很担心自己不能在事业上重整旗鼓，我已经撞上了年龄的壁垒。我试探着询问过法律公司，但它们都无意于雇用一个 44 岁的助理。我非常矛盾，如果我再多花几年陪孩子，这对孩子有好处。可如果我四十八九岁才去找工作，工作能不能找到都不好说了。[15]

提尔莎·瓦尔曼面临着现实世界的选择困境，这可以解释为什么有孩子的妇女的收入比没孩子的低。实际上，简·沃德弗格发现即便将教育和工作资历的差别考虑在内，有孩子的妇女的收入还是比没孩子的明显更少。用她的话说："即便计算了诸如年龄、教育水平、工作经验、人种、民族等变量，有孩子的女性的时薪仍然比没孩子的少大约10%。"[16]

男性就没有这方面的代价。而且，事实情况正好反过来。根据琳达·韦特和玛吉·加拉格尔的一项研究，结婚生子的男性的收入要比其他男性高出一大截。男性的"家庭增值"估计为10%—40%。[17]

同时，女性为孩子付出的代价似乎在逐年上升。80年代和90年代早期，没有孩子的女性收入增长为13%，但同时期有孩子的女性，收入增长却仅为10%。全国的时序性数据鲜明地反映了年轻女性的窘况。没有孩子的30岁女性薪酬为男性的90%，但有孩子的仅为73%。因此，女性因生育而造成的收入差别是令人震惊的17个百分点。[18]

这向我们提出了一个关键问题：谁应该对此负责？

人力资本理论学家索罗门·波拉切克认为，母亲们遭受的不公很大程度上并不是由于雇主们歧视带孩子的妇女，而是"形式更为隐蔽和微妙的、家庭内部的社会性歧视"。[19]通俗地说，职业女性肩负着大部分家庭重担，而这严重地束缚了她们在事业上的手脚。

照顾家人向来特别消耗时间。根据英国最近的一项研究，职场妈妈们平均每周要在家务活、看孩子和其他繁杂的家庭事务上花费62个小时，这个数字比90年代早期升高了5%。根据这项研究，学龄前儿童的妈妈每周在家务上要花费整整84个小时。[20]在过去，做母亲的职责或许更加繁重，但绝对没有今天这么烦琐。想成为21世纪的负责任家长，就必须要处理好种种关系，包括老师、医生、治疗专家、推销员和各色官僚，甚至包括网络。萨姆需要打一针强化疫苗，还需要一套校园剧的衣服；而萨曼莎刚刚被足球队刷下来了，需要好好安慰。另外，必须填写露营申请了，姓名标签必须缝在孩子们的衣服上，还要和萨姆的老师见一次面，问清楚为什么最近几次考试考得那么差。

而且，随着孩子的长大，这些必须做的事情只会变得更加复杂，更不容易请人帮忙。

在过去 30 年中，很多人谈到男性承担了更多的家庭责任。的确，也有些男人在照顾家庭和孩子方面做得更多。但总体看来，这样的人没多少。第二章指出，40% 的已婚高成就女性认为她们的丈夫产生的家务比他们帮的忙还要多。[21]可悲的是，这跟年龄没什么关系。"高成就女性，2001"调查显示，43% 的年长女性和 37% 的年轻女性都认为，她们的丈夫在家务方面纯粹就是个累赘。

在 1983 年的《心火》中，诺拉·埃夫龙讲述了家务分工方面的偏见。据她的描述，20 世纪 70 年代时兴妻子和丈夫平起平坐，拉出清单并平等分配家务。"成千上万的家庭都是如此，结果也相似：成千上万个丈夫同意清理餐桌了。"她写道："他们清理完餐桌后昂首顾盼，似乎应该得个奖章；他们清理完餐桌后，希望不再需要干别的事了；他们清理完餐桌后，希望所有事情到此为止。的确，通常也就到此为止了。"[22]

当女权革命的尘埃落定，人们发现男性的行为变化甚微：他们对于日常家务的贡献，仅从每周两小时变成四小时。家庭主妇们依旧承担绝大部分家务，每周 16 个小时，占总量的四分之三左右。[23]这一情况对女性的收入能力有着极其负面的影响。

其他富裕国家的政府发起项目来减轻家务和育儿的负担，缓解职场妈妈们的工作量：18 个月的带薪产假、优质的学前班，而且上课时间还可以根据工作调整。另外，欧洲最优厚的家庭扶持政策还包括孩子 8 岁前的 6 小时工作制。

根据哈克尼斯和沃德弗格的对比研究，生养孩子对妇女收入的抑制作用似乎在英、美两国最为明显，英国女性为一个孩子付出的代价是收入的 8%，两个孩子则是 24%。但研究内的其他国家——加拿大、瑞典、澳大利亚、德国、芬兰——"家庭的代价"要小得多。[24]

这项研究显示了在不同国家里，孩子对女性薪酬影响的差异显著。在很大程度上，这是家庭扶持政策不同的结果。美国和英国执行的家庭扶持政策相当少，所以这两个国家的女性付出的"家庭的代价"就格外高。事实上，直到1993年"家庭与医疗假期法案"（FMLA）通过，美国才有了全国性的产假政策。直至今天，美式产假也是无薪的，而且小公司的女员工被排除在外，这意味着有41%的职业妇女无权享受这一假期。儿童保育方面，尽管有大量的美国儿童享受家外照护服务，但美国还是比其他国家更严重地依赖于私人市场提供的这项服务。英国在这些方面做得也不够。与美国不同，英国从1978年就有了带薪产假，但英国的产假政策比欧洲其他地区要差得多：假期更短，工资补偿比例更小，而且大量妇女被排除在外。在儿童保育方面，英国也落后于其他国家。事实上，根据慈善机构"托儿信托"的一份最新报告，在工党的第一任任期内，尽管政府显示了"狂热的"主动性去改善儿童保育，但英国的工作在欧洲还是最差的。[25]

母亲或双亲的带薪产假对女性特别重要，因为中断职业的代价太大了。因此，提供工作保障和带薪产假可以让女性在她们生育期间也能保持连续的工作经历，这会对她们的收入产生极为积极的影响。在一项英国产假政策作用的相关研究中，经济学家希瑟·乔希、皮耶雷拉·帕奇和简·沃德弗格发现，一些女性生了孩子就"退出"工作，后来又重返职场，相比那些根据工作保障得以休产假并返回原来企业的女性，前者的薪水要低得多。[26]

一个半世纪以来，美国的女权主义者投入了大量精力，争取在形式上与男性平权。早期，她们要求一系列的平等权利——财产权、子女抚养权和离婚权。而后，从南北战争到1920年，关注点逐步缩小为一个问题：投票权。

20世纪六七十年代的女权主义复兴使得女性权利再次成为焦点。全国妇女组织（NOW）成立于1966年10月，继承和发扬了19世纪女权主义的平权传统，并阐明了其目的："采取行动使女性全面参与当今美国社会的主流，行使真正平等的伙伴关系中的所有权利和责任。"

在开始阶段，全国妇女组织提出一系列的目标：教育平等和工作机会平等，男女同工同酬，以及合法堕胎权。但到了 20 世纪 70 年代后期，它的目标缩窄到一个：批准"平等权利修正案"（ERA）。它的想法是，一旦所有歧视妇女的法律都不复存在，那么竞争就会变得公平，而且女性也就能在社会上得到平等的地位。

在欧洲，不同的社会女权主义团体会从不同角度思考女性的性别问题。在她们看来，不是由于女性缺乏法律权利而导致了待遇差别，甚至不是由于女性缺乏"生育自由"。相反，是她们的双重负担——照顾家庭的同时还要做好工作——导致了她们的二等地位。所以，欧洲的社会女权主义者的目标是，通过制定家庭扶持政策来减少双重负担对女性的压迫，从而减轻女性的负担。她们认为，妇女既是妻子和母亲，也是职员和公民。所以，她们需要特别的补偿性政策，帮助她们在家庭以外取得和男性一样的成就。用瑞典劳工部前部长安娜·格雷塔·莱永的话说："女性要取得同样的成就，就需要在各个方面获得大量补偿。"在瑞典，大量补偿被理解为给在职妈妈们精心设置的福利和服务，而且也惠及越来越多的爸爸们。

有一点是很清楚的：对女性问题看法的不同会导致对女性的生育境况重视程度的不同。美国女权主义者普遍关注女性如何能像男性那样被同等级对待，于是会试图撇开两性差异，这就使她们回避了妈妈们的难题。总的来说，她们更喜欢关注生育自由和拒绝生育的权利，生育和养育方面的诸多难题就被忽略了或被轻视了。

另一方面，社会女权主义者把妈妈们摆在中心位置。在她们看来，女性问题的本质是让母亲的需求与企业和社会的需求和谐一致。她们认为，全社会要为女性提供系统性支持，以报偿她们作为母亲和工作者承担的双重负担。

当然，不是所有的美国女权主义者都是狂热的平权爱好者。在19世纪晚期，夏洛特·珀金斯·吉尔曼组织了一个美国社会女权主义小团体，她们确认家庭责任是男女不平等的基本根源。她们呼吁在妇女生活中来一场"家庭大革命"，提倡职业妇女和她们的家庭都住在没有厨房的公寓房里，清洁和烹饪都交给外包服务，孩子们都由一个共享型日托育儿机构照顾。（吉尔曼组织的女权运动与她个人经历有很大关系。1873年，她很不情愿地放弃抚养权，将9岁女儿给了前夫，因为她意识到作为一名讲师，她无法在养家糊口的同时当一个好母亲）[27]

50年之后，埃莉诺·罗斯福成为另一个美国社会女权主义团体的一员，她极力支持针对在职妈妈们的保护性法律，主要内容包括一周48小时工作制，取消夜班，排除危险工种。由于她相信母权之重要，所以长久以来，罗斯福夫人都反对"平等权利修正案"。她认为平等待遇削弱了她为之争取并落实的保护性法律。事实上，她非常恼火于主流的美国女权主义对平权的过度重视，以至于她拒绝称自己为女权主义者。

所以，最本质的要求在于：在职妈妈们需要比平等权利更多的待遇。如果你承担了75%的家务和照顾孩子的责任，那么随波逐流和听天由命都不会带来公平的结果。如果想让女性的收入能力得到提升、生活选择变得丰富，平等权利和家庭扶持就必须要跟上。

尽管论点和数据都足够有说服力，但美国人仍然不相信产假、保育事业和弹性工作制的重要性，不管是公立还是私营机构，都觉得这似乎太简单平常了。

在我的职业生涯中，我曾经两度遭遇这个问题。第一次是在15年前，我作为一名经济政策参议会的执行主任，召集了一个商业领袖小组，思考如何帮助女性跨过家庭与工作之间的鸿沟。第二次是三年前，当时在与科内尔·韦斯特一道在全国巡回售书途中，我试图唤起公众对一套家庭扶持方案的支持。

回想 1985 年，我成功地说服了经济政策参议会的指导委员会，创立了一个关于工作和家庭的政策研究小组。我记得我当时高兴极了。这个新小组相当不错，它由福特和洛克菲勒基金会资助，由艾丽丝·伊尔希曼（时任萨拉劳伦斯学院校长）和约翰·斯威尼（时任经济学人智库的主席）担任联合主席。它的成员包括杰拉尔德·福特（前总统）、凯·格雷厄姆（后来的华盛顿邮报公司主席）、史蒂夫·罗斯（后来的华纳兄弟影业董事长）和亨利·考夫曼（时任索罗门兄弟公司首席经济学家）。我非常激动，这些人正是能够让私营企业参与行动的领军人物。但是，当我召集小组成员，准备让这些精英大显身手的时候，却遭到了当头一棒。这些杰出的男性组员中，大部分人压根就不来。我去找他们，试图解释为什么他们应该重视这个项目，而他们不是打个哈欠就是抬抬眉毛。

听了我的说法之后，亨利·考夫曼看上去很尴尬，他讪讪地告诉我，在这块政策上他"跟不上形势"，问我能不能加入其他的小组。我必须要说，这个男人可不是个畏首畏尾的人。通常，他会毫无顾虑地对很多话题发表意见，比如日本防卫政策、移民改革和第三世界债务，他也同样不是那些领域的专家。然而不知何故，产假和儿童保育的问题让他显得紧张兮兮。问题是他不光是紧张，如果仅仅是紧张情绪的话就没那么复杂了。追问之下，考夫曼说出了他不愿意参与的另一个原因：家庭扶持有些政府干预的味道。他完全支持给予女性平等权利，但他认为自己不会赞成政府干预私人生活，或对企业指手画脚。

女性成员的反应让人更加难以接受，她们中的大部分同样也不感兴趣。玛丽娜·惠特曼是通用汽车的高级副总裁和经济顾问委员会前成员，她辩解说不敢加入小组，因为这个小组会让她"受到污染"。她解释说："我花了 15 年才得到了精明务实的名声，我可不敢拿名声冒险。如果我涉入了复杂难搞的女性问题，我在公司里面会有很多麻烦的。"这位善良的女人接着说了一条个人建议："如果我是你，我会把整个项目下马。你是一个非常理智的女人，可以在正经行业里建功立业。为什么要冒名誉扫地的风险呢？"

另一个女性组员，凯瑟琳·格雷厄姆威胁要辞去职务，因为我不愿意将儿童保育从议事日程中拿掉。我们原计划用至少两次专题座谈来讨论这一关键问题，当格雷厄姆在第一次儿童保育会议前提出这样的要求试图破坏会议时，我非常吃惊。"我不明白儿童保育和妇女就业问题有什么关系，"她斗志昂扬地说，"如果一个女人选择要孩子，她就应该为此负责。"我张了张嘴，想要解释为什么孩子既是个人的也是社会的责任。但是我又闭上了嘴。我实在不知道如何去面对如此根深蒂固的敌意。

这个项目惨淡经营了两年，最后出台了一份至少在表面看来很重要的报告。其实，私营企业已经签了好多文件以保证实施带薪双亲产假、弹性工作制和育儿补贴等家庭扶持方案，这让人根本乐观不起来。我知道内情，也明白离开我的那些杰出组员的私人承诺，报告里的提议一条也落实不下去。

在小组解散之后，我花了好长时间去思考，为什么这些善良的男人和女人对这项工作都不感兴趣。关于那些男人，我总结为他们中很多人的观念形成是在 50 年代，某种程度上他们认为孩子就是应该由妈妈来照看，企业和政府用不着帮女性轻松逃避她们的职责。这种态度恰好和他们对于自由市场的偏好相得益彰。毕竟那是里根执政时期，政府越发被看作无能且无关紧要。尤其涉及私人生活，大家都认为政府的干预越少越好。

至于女性组员，她们的问题全然不同。她们下意识地抵制这种在职妈妈需要特别照顾的主张。她们接受了女权主义平权思想，确信女性如果表现得和男性一模一样，就更有可能获得平等。用某个小组成员的话来说："在这个世界上，如果女性想得到权力、金钱和地位，没什么比'克隆男性的竞争模式'更有效的了。"

另外，一小部分女人对家庭福利的不热心另有其个人因素。她们自己都没有孩子，所以对政策的看法掺杂了大量的失意和哀怨。她们对年轻的妇女们很难产生同情，至少有一位女组员认为年轻女性"无权同时拥有事业和孩子"。

我从经济政策参议会离职的 12 年之后，在一次全国巡回售书途中，我又一次见识到了家庭扶持项目的"推销"之难。1998 年，科内尔·韦斯特与我合著了《打倒父母的战争》。这本书基于数年研究，描写了压迫当代父母的种种势力。在这本书里，我们详述了成年夫妇养育孩子，却被这个国家的经济政策和大众文化伤害。我们还用很大篇幅论述好解决方案，最后两章包括了一项《父母权利法案》，这是我们对于全国父母们最迫切需求的响应。

基于本书中多年的研究成果，我们相当了解针对父母的恶意攻击是非常广泛和猛烈的，但我们没有预料到这种攻击竟会如此恶毒。1998 年的夏天，我们花了 6 个星期，在 8 个州的 28 个社区做演讲。我们发现，尽管我们精准地估量了针对父母们的各种势力，但还是没有体察到这场让他们深陷其中的"战争"会带有这么强的感情色彩。

在某些州和城市，父母们的反对者似乎拥有广播电台。在《约翰和肯早间秀》（洛杉矶的 KABC 电台）、《杰夫·麦卡夫秀》（旧金山的 KSFO 电台）和其他诸如此类的电台谈话节目中，形形色色的来电嘉宾发泄着他们的怒火。按他们的报道，加州的社区里满坑满谷全是"福利皇后"和自私自利的人，专门靠着纳税者的钱养着无法无天的熊孩子。

而后，在公共图书馆、教堂和社区中心，我们见到了一群群意志消沉的父母。从加州奥克兰的艾伦庙宇浸信会教堂到曼哈顿的纽约公共图书馆，父母们全都饱受创伤，陷在孤独徒劳的挣扎中，被汹涌而来的责难打得落花流水。在芝加哥，一位三个孩子的父亲道出了很多人的感受："某种程度上，父母们成了替罪羊，在为轻率放纵的美式个人主义背黑锅。"

回头看这场签售之旅，我们或许能感到最初的那种躁动，但到了今天，这种攻击已经羽翼丰满，对家长和孩子们露出爪牙。去年年初，一些自称"不要孩子"的成年人开始组织起来，指控有孩子的人，说他们攫取了更多的公众福利，"要了孩子还想要雷克萨斯"。在2000年年初的《婴儿福利》一书中，记者埃莉诺·伯克特不可思议地宣称："在过去的十年中，发生了从'向贫困宣战'战略以来最大规模的财富再分配，这次并不是从有钱人到穷人，而是从无子女者到有孩子的人。"她自认为是急先锋，引导着这场"一触即发的、反对有孩者的优厚待遇的斗争"。

与很多"不要孩子"的同路人相比，伯克特算是温和的了。在网络世界里能看到一些更为极端的人，网上有一些名为"我宁愿跟烤面包机说话"和"不羁无礼的熊孩子"的网站。这些网站诱导你去看一堆抱怨孩子家长的话（"繁殖者觉得自己可以不断为了小孩那些破事请假，而她们的同事却要担负额外的工作"；"繁殖者想要丰厚的待遇，再去生个外星怪胎"），他们还把孩子称为"小毛孩""小爬虫""开裆裤""小屁孩""细菌贩子"和"卵"。

如果这些攻击不变得如此丑陋，那么这个新兴的不要孩子运动里的成员或许能获得一点同情和理解，毕竟他们还有点道理。一些美国最大、最好的企业提供了优越的家庭扶持项目。在大多数工作者都疲于奔命、手头拮据的今天，仅仅是因为没能凑巧有个孩子，就"禁止享用"某些最优厚的公司福利，这一定令人特别眼馋。

上述观点就算有点道理，但从大局来看也是以偏概全了。现实情况是，美国的父母们实际享受到的优待和福利少得可怜。即便是大公司中，能提供优厚的家庭扶持待遇的也不足半数。在小公司中，这个数字会小得多。再说，过去 30 年来，政府政策并非在照顾有孩子家庭。据经济学家爱德华·沃尔夫说，在过去 40 年中，"在政府政策的有力推动下"，有孩子家庭的相关福利与不要孩子的相比持续下降。[28]事实是，我们国家大大增加了没孩子家庭的福利（社会保障金和医疗补助制度就是很好的例子），同时削减了有孩子家庭的福利。子女抚养的税收减免被大幅度降低，同时困难家庭的福利项目被大规模消减，而且还设定了时限。[29]现存的家庭扶持政策为数不多，其立意也十分刻薄。比如，产假期间不发工资，而且小企业的员工还享受不到。

埃莉诺·伯克特和她那些不要孩子的同伴们大错特错。当今社会的确存在着财富的再次分配，但方向是从父母流向非父母，而非相反。

2002 年，我们似乎看到了大股势力联起手来刁难职业女性：传统男性不喜欢女性放下家务，也反对政府插手私人事务；平权女权主义者继续将重要的家庭福利置之脑后；不要孩子人群的新兴小组织居然相信无稽之谈，认为有孩子的人已经拿走太多的优待和特权。

鉴于这种环境，企业和政府有希望能拿出新的方案来帮助妇女实现生活的平衡吗？这个问题将在第六章和第七章里展开讨论。

最后再说一点，在 2000 年春的一次深度采访中，哈佛法学院教授玛丽·安·格林顿讨论了如此多的高成就女性没法要孩子，长此以往会有何后果。用她的话说："我们所处的是一个未知的领域：历史上从未有过如此多的妇女身居高位，而不同于男性领导人，新任的女性领导人中接近半数没有孩子。这会影响到我们的目标和价值观吗？这会影响我们的格局规划吗？肯定会的。没有孩子的人对我们的共同未来就不会感觉休戚与共。由于我们的领导集体偏向于不要孩子，所以我们可想而知，教育系统和防止全球变暖的举措想得到投入就会变得更加困难。美国泛滥的个人主义会把一切变得更糟。"[30]

第四章　捕食者和哺育者

"高成就女性缺乏男人的陪伴。"

九月初，一个温暖舒适的晚上，"有效生活"（Lifeworks）在位于第五大道南部的顶层套房里举办专题讨论和研讨活动，人们纷纷前来倾听公司创始人兼主席的心理学家玛丽莲·格拉曼的讲话。总共来了大概六十位女性，其中大部分是职业女性，衣着华贵，手里拿着公文包。大部分人似乎都在四十多岁，不过零星也有几位年轻或年长点的。一位二十多岁的、风姿卓绝的非裔女性和一位六十多岁的迟暮美人引起了我的注意，因为她们都穿着豹纹长靴。

她们中有些人互相认识，很显然在"有效生活"之前的研讨会上见过面，但大部分人彼此陌生。她们按照名牌（没印姓氏）领取瓶装水，小心翼翼地留意着对方。我们这个小组的人一边礼貌地闲谈着，一边找到自己的位子坐下来，等着活动开始。

我坐在卡罗琳旁边，她是一位优雅的、穿着阿玛尼套装的黑发女人。卡罗琳介绍了自己，似乎很想交谈。她告诉我，就在 40 岁生日的那个星期，她在《纽约时报》上读到了关于"有效生活"的报道，于是决定来看看。她认为自己在工作方面游刃有余，但在与异性交往方面很需要得到帮助。她在华尔街做了十年的律师，工作几乎"湮灭了"她的私人生活。

过了一会儿，格拉曼快步走进房间，迅速进入了正题。她是一位

78

体态优美的女人，穿着黑色礼服。她的话像一套组合拳，上来就说出几个撩人心动的观点，吸引了这些见多识广的人们："纽约有很多男人，其中至少会有一个好男人想要娶你。不过，要找到这个人，你必须卸掉多年来为自己披上的护甲。好好想想吧，"格拉曼说着，靠近了麦克风，降低了声音，"任何一个 40 岁还单身的漂亮女人都会有 25 年的恋爱经历，在漫长而复杂的过程中，她们伤害别人，也被别人伤害。你也许还没意识到，可你已经给自己包裹上了厚厚的护甲，让你变得冷漠而不易接近。我可以教你怎么打破护甲，让自己更加迷人可亲。"房间里安静得可以听到针落在地上。

接下来，格拉曼转换了语气，轻快地概述了"有效生活"的课程。对于时间紧张的人，她提醒有两个合适的短期课程："得到你的另一半"和"作为女人的原动力"，每个课程需要一个周末。对于那些有强烈结婚愿望的人，她推荐了"有效婚姻"，这是个为期六个月、276 个小时的课程，其目标是引导女性直通婚姻殿堂。课程费用高达 9600 美元。格拉曼把"有效婚姻"课程描述为"特别适合 40—50 岁、生物钟嘀嗒作响的女人，这可能是尽快找到老公、抓住最后时机生儿育女的唯一办法"。

据格拉曼的描述，"有效婚姻"的一部分是群体心理疗法；另一部分是个人激励谈话。这个课程分为几个不同的阶段，每个阶段针对男女交往的不同方面：40 个小时用来学习为什么参与者会遭遇"关系障碍"；26 个小时用来和"指导"谈话，"指导"是已经从格拉曼的课程中获益的人，在这儿起到教练兼拉拉队长的作用；11 个小时用来讨论装潢风格和气氛（课程鼓励学员把她们公寓的墙粉刷成柔和、性感的颜色，把健身器材搬出卧室）。参加者还要花 9 个小时学习优雅的动作，花 8 个小时学习服装的选择（强烈不推荐系扣的上衣和有条纹的衣服）。最后 3 个半小时用来学习如何谦和有礼地接受礼物。格拉曼认为，女性高管不懂得如何优雅地接受礼物。

"有效婚姻"的最后一次课是在婚纱店的实地考察,女性学员们试穿白色的薄纱礼服和蓝色的吊带袜,设想一下自己结婚的那一天。"如果你看到了,你就会拥有它。"格拉曼对此深信不疑。

　　中间休息时,我和"有效生活"的商业主管莫琳·沃尔什谈了谈。沃尔什的语速很快,是典型的工商管理硕士(MBA),曾经做过布鲁克林音乐学院的市场部主管。她毫无保留地跟我详细说明了她们的客户群:"我们课程的典型学员是那种忘了个人生活的企业管理者,"她说,"而且,咱们私下说说啊,这些女人可都不好惹,都太强势。男人喜欢女强人,但也不想被生吞活剥了。相信我,这些我都经历过,我都懂。"

　　研讨课结束后,我和新交的朋友卡罗琳同坐一辆出租车回城外的家。她被"有效婚姻"课程点燃了热情,一路上不停地谈论她学到的内容。"玛丽莲·格拉曼提到 25 年的恋爱失败史和身披护甲,对我简直就是醍醐灌顶。我的天哪,那不就是我吗!我没有刻意表现,但我看上去也许真的像是某种冷血的捕食者。"在东 73 号大街卡罗琳的住宅前,我和她道别,她下车时丢给我一个问题:"你是怎么想的?我的这件套装是不是有点太呆板、太男性化了?我要不要尝试变得更有女人味?"[1]

　　我们这些人都来自倡导男女权利平等的时代,对于我们来说,真的很难把"有效生活"这样的东西当回事。我很清楚地记得在我女儿莉萨 3 岁的时候给她唱的一首歌《自由成就你我》(*Free to Be You and Me*),还给她讲过亚特兰特的故事。亚特兰特是一个女运动员,她既坚强又勇敢,所以她在赛场上比任何人跑得都快。难道现在我要告诉 23 岁的莉萨,有可能人会坚强勇敢得过了头?告诉她长大成人的亚特兰特会在恋爱方面遇到困难,需要玛丽莲·格拉曼这样的人来教她如何搞定男人?

　　我并不想瞧不起谁,但是像玛丽莲·格拉曼那样的专家和"有效生活"那样的课程实在是太可笑了。事实上，寻求伴侣产生的焦虑已经变成我们文化中的一个大问题。畅销书、午后脱口秀和女性杂志里充斥着各种建议，指手画脚地告诉女人们如何找老公。

几个月前，我来到哈佛合作社书店，发现在两性关系分类里，有62本书是关于男女交往的。3本针对男人，11本适用于男人和女人，48本专门为女人而写。整整三架书专门教女人如何去奉承、挑逗、欺骗或操纵男人进入婚姻生活。书名都有这些：《如何让一枝花变成万人迷》《什么让男人从喜欢到爱：先生活，后恋爱》《男人要什么：三位单身职业男性告诉女人如何赢得男人》《通向"我愿意"》和《规则：经过时间检验的秘密让你捕获白马王子》（以下简称《规则》）。要说这些书的影响力，《规则》这本书已经在全国售出超过二百万册，催生了一系列"规则"类图书。

当然，高智商、高成就的哈佛女性通常会因为对《通向"我愿意"》之类的书表现出兴趣而感到不好意思。在书店那天，我注意到一个精明干练、大概三十多岁的女人，在两性关系区翻找着什么。我在旁边显然让她很不自在，她开始变得焦躁不安，左脚右脚换来换去，然后移到旁边的区去了。她把刚才读的那些书放在一个空架子上，用纸盖住，然后出了书店。她走后，我看了那些书名，是《规则》和《男人要什么》。她用一本讲义——工商管理案例研究——盖住了那些书。

如何寻找意中人？想知道答案的人非常多，而且肯定并不只限于在美国。《BJ（布里奇特·琼斯）单身日记》是作家海伦·菲尔丁记录一位伦敦女性寻找白马王子的小说，成为1996年度遥遥领先的全球最畅销书。[2]这本书到现在已经售出五百万册，续集《BJ单身日记2：理性边缘》也卖得不错，改编的电影由蕾妮·齐薇格、休·格兰特和科林·费斯等人主演，同样也大获成功。

自我嘲讽和一本正经的搞笑，布里奇特·琼斯把自己描述为"一个绝望的、有保质期的翻新货",生活在一个所有男人都想追求年轻女人的社会里。怎么看,她都不可能是女主角。是的,她既前卫又时髦。衣柜的抽屉里塞满了"乱七八糟拧得像麻绳一样的黑色不透明连裤袜"。她对待"滚床单"的态度也很现实,看起来就像电视剧《欲望都市》里性感职业女性的比较讨喜的翻版。不过,她同时又非常落伍。她对白马王子的渴望,简直毫无遮掩,和简·奥斯丁不相上下。事实上,这个角色就是出自简·奥斯丁的小说。布里奇特的爱慕对象叫作达西先生,这绝非巧合(他趾高气扬自命不凡的样子,和《傲慢与偏见》中的原型人物如出一辙),还有一部分故事情节原封不动地照搬《劝导》。女人迫切地想找到白马王子,这方面两个世纪以来都没什么变化。

像《规则》和《BJ单身日记》一类的书也许令人难以接受,尤其是对于具有女权主义意识的进步女性来说。但现实情况是,很多新型焦虑的确客观存在着。三十多岁的职业女性渴望找到合适的伴侣,但难度很大,原因在于时机不等人,还在于根深蒂固的态度问题。让我们先来说说时机的问题。

推迟婚姻和生育似乎变得越来越合理了。我们在第三章看到,大量有雄心、有才华的女性决定在学业有成、事业稳妥以后再去组建家庭。可问题是,如今的职业发展速度不快,难度又很大。如果你是企业管理人员、律师或者银行家,有着"高层次的职业",你很可能会每周工作60个小时,一直干到三十多岁。到那个岁数,你在婚姻市场上就不吃香了。简单地说:女人越年轻,可供选择的男人就越多。

还记得1986年那个著名的研究吧,耶鲁大学的社会学家尼尔·本内特和哈佛大学的经济学家大卫·布卢姆进行了此项研究,声称发现了40岁的女人与刚结婚的女人相比,遭到恐怖分子枪击的概率更大。[3]按照本内特和布卢姆的说法,一个受过大学教育的30岁未婚女性结婚的可能性是20%,但到了40岁,这种可能性就会降到1.3%。这份研究真正触及了要害，以至于还没正式发表，就被世界各地的通讯社争相转载，报纸和新闻节目也专门报道。本内特告诉我，几个星期里，他不断接到了远自加拿大和阿根廷等国家的记者的电话。[4]

本内特和布卢姆的研究掀起了一场激烈的辩论，也激发了大量新的研究。待尘埃落定，结果表明尽管概率没有最初披露的那么糟糕，但本内特和布卢姆的结论还是非常正确的：受过大学教育的女性年龄越大，找到丈夫就越困难。

更新的数据能够证明这一点。根据"高成就女性，2001"调查，随着女性年龄的增长，结婚率会急剧下降。接受调查的高成就女性中，只有10%的第一次婚姻是在30岁以后，而35岁以后首次结婚的仅占1%。最新的人口资料可以解释其原因。[5]在28岁的年龄阶段，受过高等教育的单身女性和条件相当的男性的比例是3∶4；而在38岁，这个比例变成3∶1。

这些数据来自美国国家统计局，只是简单地把单身女性和年龄稍长几岁、有着相似学历的单身男性对应起来，这样做其实高估了高学历的大龄女性找对象的成功率。事实上，高学历高收入的男性在找老婆时，不会只盯着和自己年龄相当的高成就女性，而是会把范围放宽，关注那些更年轻但学历和成就未必相当的女性。随着男人年龄的增长，这个范围只会变大。对女性来说正好相反。高学历女性往往会找年龄稍长、学历更高、成就更大的男人做老公。随着女性年龄的增长，这个范围还会更小。

换句话说，随着时间的推移，需求合适伴侣的高成就女性就会发现，自己正在加入一场激烈的竞争，不光是和自己年龄相仿的成功女性，还要和大量没那么成功的年轻女性竞争，而后者对于功成名就的男人来说更具吸引力。她们的优势与学历、收入不一定挂钩，甚至与性感和美貌也没什么关系，但她们会自然产生钦佩和关注。与三十多岁的杰出女性相比，没那么成功的二十多岁女性不一定更性感、更漂亮，但她们更愿意去关注高收入的男性，更容易会被他的成就打动。塔玛拉·阿德勒谈到过，高层男性是多么渴望能说"哇哦"的女性，她说的其实就是这些成就没那么突出、更容易被打动的年轻女性的竞争优势。

以上这些引出了我要说的第二点：由于复杂的态度问题，时机方面的困难变得更加复杂，更不好解决。

在第三章中，我们提到过 28 岁的卡伦·马圭尔，她是佩恩韦伯证券公司一名年轻的助理。男人对婚姻的态度，她心知肚明。她跟我提到《天堂中的布波族》，这是记者大卫·布鲁克斯最近写的一本书。布鲁克斯在书中提出对捕食者和哺育者的看法，以及这两者在婚姻市场上如何匹配，这让她很感兴趣。在她看来，布鲁克斯说到点子上了。

读这本书的时候，我有种似曾相识的感觉。我是说，与我共事的人中，大部分都是典型的捕食者。初入职场时，如果你没有闯劲、不够强悍，那肯定就没戏了。这种工作就是要把你变成捕食者。在企业里，只有这样才能成功。

这一点是怎么影响到男女关系和婚姻的呢？这个问题我思考了很多。

在布鲁克斯的书中，律师、商人和银行家被称为捕食者，他们一生都在为钱、为权进行交涉和竞争，并且对于"强硬起来压人一头"感到心安理得。[6]相反，哺育者却有着不同思维方式，他们包括学者、政策专家、记者和艺术家，他们与思想打交道，或者把时间用来帮助他人、与人协作、促进发展。他们往往更加热心，更有同理心。布鲁克斯研究了《纽约时报》的婚姻版，进行了不算系统性的分析，试图弄清捕食者的结婚对象究竟是捕食者，还是哺育者。他发现，两种情况正好一样多。

第四章　捕食者和哺育者

卡伦对布鲁克斯的结论表示怀疑：

我觉得这个结论不靠谱。或者说，至少不是全部情况。一个男性的捕食者究竟为什么要找一个女性捕食者做伴侣呢？我是说，他们在一起干什么呢，吃掉对方吗？告诉你，男性捕食者会被我们吓跑的。我们是很有吸引力，在现代社会也得到了身份地位。可事实是，有一个从沃顿商学院毕业的工商管理硕士做女友，这会让你颇有脸面。但是，你不会想和这样的女人结婚的，除非她准备放弃自己的抱负，全力支持你。

我认识一个家伙，他是个标准的捕食者，刚刚读完哈佛商学院，正准备搬到德州奥斯汀市，在那儿的一家风险投资公司工作。去年，他和交往很久的女友分手了，直言不讳地对她说还没做好准备，所以不想结婚。

分手激起了女孩子的事业心。我猜她是觉得，如果不能搞定婚姻，倒不妨在事业上全力以赴。因此，她申请了哈佛商学院并被录取了。我的这个朋友，也就是她的前男友得知了这事，来了兴趣——好像她的成功为她增添了魅力。因此，他带她到一个高档饭店，说只要她放弃哈佛，搬到奥斯汀和在他一起，他俩就可以结婚。猜猜结果如何？她说可以！

于是，她们结婚了。从此以后，我这个朋友这辈子都会不断提起，他的妻子为了和他结婚放弃了哈佛商学院。

我觉得这挺令人郁闷的。男人希望你好好表现——进最好的研究生学院，找到最好的工作——这些能让你升值，能让他们有面子。但是，他们又希望你放弃这一切，因为他们不想你专注于事业，他们要的是你围着他们转。

布鲁克斯以为他找到了捕食者和捕食者结婚的例子，可我敢打包票，他的男性捕食者分分钟就会把女性捕食者变成哺育者。

他们就是不能够忍受这样的竞争。

又聊了一会儿，我问卡伦，为什么提到布鲁克斯关于捕食者和哺育者的看法，她的反应如此强烈。

卡伦笑了。

> 这是个人看法！这当然是个人看法。记得我昨晚告诉你的吗？我和几个男性朋友聚会，他们是我在大学就认识的好朋友。呃，在那天晚上，我意识到，我是在和三个又成功又有魅力的男人交谈，你可以把他们称为理想男士，他们从未追过我。他们有了不错的工作，正在寻觅合适的人选结婚，约会的女人都比我年轻，上进心也没我那么重。我是说，我根本就不在他们的考虑范围之内。我拿他们对女人的品位开玩笑，但实际上，我感觉自己被嫌弃了。我想，对捕食者和哺育者的说法我表现得比较激动，大概是因为这些称谓让他们的做法看起来不那么伤人。[7]

这位坦率坚毅的女子声音越来越低。

我对卡伦说，很多心理学理论都印证了捕食者和哺育者的划分，支持她对于婚姻的看法。朱迪思·沃勒斯坦是加利福尼亚州过渡家庭服务中心的创建者，著有几本关于结婚和离婚的书籍。她的说法是：

> 谈到婚姻，互补的观念是极其重要的。通常，人们寻求的伴侣是可以给生活添加新鲜佐料的人。在我看来，一个努力工作、收入很高的男人不会想要一个自己的复制品，而是会被有着完全不同特质的女人吸引。比如说，她了解美好的事物，或者她自己本身就很美好！
>
> 还有一个情况，许多成功的男人在办公室辛苦工作一天后，

希望回到家老婆会说："亲爱的小可怜，今天很辛苦吧？喝杯马提尼吧。"一旦让同行进入妻子的角色，问题就会出现。即便她能凭空挤出时间，等在家里问候归来的丈夫，她也很难光说安慰人的话。她说的话或许很刺耳，或许还会问出一堆刨根问底、夹枪带棒的问题，甚至还会指点一二。这些都不是男人想要的。[8]

沃勒斯坦的看法让我深受启发，我决定和一些男士谈一谈。结果却发现，说得容易做起来难，很难约到高成就的男性捕食者，倒不是因为他们就这么不想谈话，而是因为他们不想为此抽出时间。他们只专注于企业的盈亏，觉得和我谈话并不能产生什么"效益"。

四处寻觅了好几个星期，我找到了一个合适人选。我继女的男朋友提出可以帮忙找他在商学院的同学。几个小时后，高盛的项目经理，31 岁的乔·施密特打来电话，说乐意和我谈谈他对女性和婚姻的看法。

在 1 月的一个特别冷的晚上，我和施密特在曼哈顿上西区的一家西班牙小餐馆见了面。在电话里他说自己"个头不高、有些秃顶"，所以当我看到一个相貌堂堂、满脸笑容的男人走过来自我介绍时，我很吃惊。他温和且充满魅力，让我们双方都很自在。点好了饮料，我问他是否了解女性捕食者。

我立刻看到他的眼睛亮了起来。

> 我们公司有好多这样的女人。她们有工商管理硕士之类的各种学位，她们有很强的上进心、控制欲强，对成功和物质极度渴望。她们的生活水平很高，想要的也更是高档货。下班后约这样的女人去威士忌布鲁酒吧喝杯啤酒，一杯下来就得一百多块。
>
> 关键是，你不可能花钱买到快乐。当然，你可以努力工作去买很多东西，但是这世界上的东西永无穷尽，所以你就永远也停

不下脚步。我要是找女朋友，我就不会找一个在这方面那么疯狂的人。

"那我的理解是，你不会找她们那样的人?"我看着他的脸，想找到确定的答案，但是施密特看起来有点为难。

我指的可不光是钱。这些女人中有一些是很吸引人的，她们打扮得体、长得好看，有权力有地位。在金融界里，一个女人必须要有两下子才能过得去。我没想去贬低她们，但的确有一些实实在在的原因让我不想和她们那样的女子结婚。

首先，看看我的朋友圈，我可以告诉你，一个雄心大志的男人和一个雄心大志的女人结婚，那压力可就大了，特别是等他们有了孩子以后。他们都试图征服世界，又都处在很大的压力之下。结果，他们都不会拿出时间为对方考虑。真的是太难了。我可不希望，以后要事先预约才能见到妻子。

另外，面对这样的女性，我没有什么拿得出手的。她们已经拥有了一切。我是说，我希望成功和收入能受到妻子的重视和赞赏。

最后一点，也是最重要的一点。我已经一切向钱看了，所以希望妻子可以给我们之间带来不一样的东西，她可以很温柔、爱表达，哪怕有一点点傻乎乎。我需要有人可以帮助我放松下来，享受生活。我认为婚姻是创造生活，而不是开设账户。

施密特呷了一口饮料，有些腼腆地接着说：

我的梦中情人有着迷人的微笑，含情脉脉的眼睛。我知道她敬业、努力，但并不拼命，也不贪婪，她绝对是那种养育者类型。

可能的话，我希望她做些喜欢的工作，但这个工作不是她生活的全部，哪怕她迷上滑雪或激浪漂流之类的运动也没什么坏处。

他笑了笑，也觉得自己提这一大堆要求是有点可笑了。

"但是，"我轻轻地追问，"你还没谈任何关于教育、收入或职业成就等方面呢。"

施密特笑了起来："我想，我是忽略了，那些事远在我考虑的范围之外。"

施密特在长岛长大。他爸爸是菜农，种植莴苣、土豆、西红柿和南瓜，日子过得不错。施密特考上了曼哈顿学院，工作了几年，又回到学校拿了纽约大学的工商管理硕士学位。后来，他在高盛谋了一个职位，管理这家大型投资银行的通讯和数据处理的运作——精密复杂的系统需要不断调节和升级。"我的工作也有不如意之处。"施密特说道。

> 我一周工作六天，超过六十个小时，拿钱也不是那么多。今年我大概能拿到二十万美元，按照华尔街的标准不算高。但是，我喜欢我的工作。我属于闲不住、干实事的那种人，这种排除故障的工作正适合我。

我问他，到45岁的时候他希望自己的生活是什么样子。"很简单，我想要童话世界一样的生活。老婆，三个孩子，漂亮的房子，车道上停着两辆车，还有一块地。大概骨子里我是个农夫吧，我真想有块地。"

"那你妻子呢？"我问道，"她是在家照顾孩子还是上班？"

施密特顿了顿，谨慎地说：

我想说"随她做什么",因为我想让她快乐。但说心里话,我希望她能选择在家带孩子,至少带几年吧。关键是,我希望和我结婚的这个我深爱着的女人,能够把价值观传递给我们的孩子。我希望晚上回到家时,她能把孩子们一天的事情全都告诉我。我妈妈就是在家里伴随我成长的,在我的记忆中,那很重要。我任何时候往家里打电话,妈妈总会在家为我做任何事。

我问了最后一个问题:"万一婚姻不顺利,最后你连孩子都没有呢?这对你来说很严重吗?"
他的回答脱口而出,快如闪电:"那糟糕极了,就是一场灾难。"

老婆、孩子对我来说非常重要。我爷爷有十七个兄弟姐妹,我爸爸有四个。我觉得生活就应该是这个样子。如果有人让我在一千万美元和孩子之间做选择,我只能说这个人没长脑子,我当然会选孩子。所以时间紧迫,我最好也不要太挑剔了,这可关乎找老婆大业呢。

大家总是在说女性的生物钟,可是我也有个钟。我是说,如果我想在 42 岁前要三个孩子,我也需要尽快结婚——这方面我正在努力。

施密特冲我咧嘴笑了起来。那天晚上谈话一开始,他暗示说在和一位 26 岁的漂亮的、特别的女人交往,但他不愿意谈这段恋情。
"为什么是 42 岁?"我问道,"这好像太精确了吧。"

是这样,我的父亲是在 58 岁死于心脏病。他抽了 40 年的烟而我不抽烟,因此我可能没有这方面的风险,但这事还是让我挺有压力的。所以我很在意能不能在 60 岁之前陪我的孩子度过整个童年。[9]

回头再看这次谈话，乔·施密特给我的印象并不是一个典型的捕食者。他很善解人意，与《天堂中的布波族》里的捕食者类型并不相符。不过，尽管施密特缺乏捕食者的犀利，但他对女性和婚姻的态度依然会让卡伦·马圭尔这样的高成就女性增添很多困扰。施密特只是在寻求一个类型不同的女性，而这种态度却能解释，为什么马圭尔在教育、理想、收入方面的核心竞争力根本就不在他找老婆的必备条件之内。

但是，今天的上进女性们面临着诸多难题，男性的态度只是其中一个。在两性交往中，女性自己也会有一些缠夹不清的问题，尤其是对婚姻本身出现了强烈的质疑。26 岁的安妮·金博尔和 27 岁的薇姬·汤森，她们俩的态度在她们这个年龄段中相对比较普遍。

2000 年 10 月的一个星期二，外面狂风大作，我们在马萨诸塞州剑桥市的一家星巴克见面。安妮（我的一个好朋友的女儿）选了这个地方，因为离她工作地点比较近。她刚刚读完工商管理硕士，在一家高科技公司找到一份新工作，老板对她管得很严，所以午休时间有限，不能待得太久。薇姬是安妮在高中时最好的朋友，在波士顿大学读研究生，专门从波士顿坐车过来谈话。

我们事先通过电话，安妮和薇姬已经知道要谈些什么。所以，我们点的三明治一上来，我就切入正题："安妮，你想结婚吗？"

她的回应很快："凡是我认识的结过婚的人最后都离婚了。我为什么要去结婚呢？"安妮接着解释说，她这种对婚姻本能的敌对反应与她小时候的经历有很大关系。在她 9 岁时，她的家庭破碎了。她说："我父母的离婚似乎触发了一连串其他人的离婚。接下来的五年中，我有七个朋友的父母都离了婚。我感觉好像我们的社区发生了一场地震，留下一堆残垣断壁。家庭的破裂让人痛苦万分，那些年我们那边

创造生活

的大部分孩子都经历过这些，爸爸妈妈跟发了疯一般，又冲动又狂躁，一点也靠不住。"

"现在我觉得，我就是典型的那种儿童，在离婚的阴影里长期走不出来。人们经常谈论离婚的'睡眠者效应'，"安妮挤出了一丝笑容，"呵呵，大部分症状我都有。有段时间，我无法信任男人，甚至无法做出承诺。我猜还要再过十年，我才能考虑婚姻问题。"

在这时，薇姬插了进来："我的想法也一样，但原因不同。我没有受离婚的影响，爸妈没离婚。但是，我距离准备结婚还差得很远。现在，我回来读研究生，没想过长大后想做些什么。也许，我会安定下来，教教书，但没准我会让自己都大吃一惊，去和平队（the Peace Corps）当两年志愿者。我一直很想在非洲多待些时间。我的生活充满了各种可能性。我今年 27 岁了，可我仍然是个孩子。"[10]

一般来说，大部分年轻女性都想结婚。2001 年的调查显示，83% 的大学毕业女生都同意"结婚对我来说是一个很重要的目标"。[11]但是，至少对高成就女性来说，这种基本的渴求已被置于深深的不信任和怀疑之中，被严重地遏制住了。

邦尼·马斯林是纽约的一位心理学家，她以婚姻为题材写了很多东西，据她说：

> 二十多岁的女性寻找的是情感联系、自我实现和幸福快乐，而不是婚姻本身。实际上，来我的诊所的女性已经把婚姻"降级"成一种习俗惯例。她们往往认为婚姻无关紧要，充满风险，或者仅存在于未来之中。
>
> 为什么会这样呢？部分原因在于，我们生活在一个极其自恋的文化里，年轻的人们，不论男女，都迷恋着单身时拥有的自由。他们认为婚姻会把他们束缚起来，限制他们的选择范围。
>
> 还有一部分原因在于，有成就的女性自己就能过得很好。她

们害怕离婚的风险，所以她们真的不需要靠着太太的身份赢得安全感。女性不再需要靠婚姻来获得舒适的中产阶级生活，单身也不再让人感到特别的羞耻。

还有一部分原因是，现代女性倾向于不忙着结婚，先打拼出一方天地再说。但是，事业和素养的内外兼修，都需要十年甚至二十年的努力。[12]

马斯林的根本观点就是："从结婚的准备情况来看，今天 38 岁的女人和过去 28 岁的差不多。现在，往往是想赶在最后关头前要孩子，女人才会认真考虑结婚。很少有女性真想走过那道窄门。所以，三十多岁的女人准备成家，就会认为自己失去了机会和自由，付出了太大的代价。"

问题是，一位 38 岁（甚至 35 岁）的女性都很有可能已经错失良机。我们从人口资料中了解到，到了那个岁数，婚姻市场的形势已经对她很不利了，不孕不育的可能性也开始抬头。

但是，女性似乎还没有完全弄明白这些情况，至少明白得不够早。对二十多岁女性的采访中，我发现她们对婚姻问题稍有紧张感，但几乎不感到紧迫。卡伦·马圭尔的看法并不常见。她精心制订的逆向规划更像是我遇到的那些 35 岁女性，而不是 28 岁的。

但是，让我们仔细看一下女性对婚姻的怀疑态度的根源。

在过去的 30 年里，受过教育的美国女性会认为，婚姻对男人有利而对女人不利的观点已经变成一个既成事实。70 年代初期，在广受好评的《婚姻的未来》中，社会学家杰茜·伯纳德预言了这个现在已被大众接受的观点。她在书中论述道："每一个婚姻共同体中，其实都包括两个实体婚姻，他的和她的。"他的婚姻要比她的好得太多。[13] 婚姻给丈夫带来的是健康和快乐，给妻子带来的则是压抑和自尊的降低。在伯纳德看来，婚姻对女性的影响就像是发低烧，逐渐削弱她的感情和精神状态。其实，伯纳德相信，婚姻对女性来说基本上没有任何好处，凡是说自己很快乐的家庭主妇一定脑子不正常。用她的话来说，"我们没有束缚女孩们的翅膀和脚步，但我们确实……'扭曲'了她们的思想，就像古代中国人把女孩子的脚裹得变形，为了婚姻幸福将她们变得畸形"。[14]

她的研究正赶上了那个时代。在 70 年代早期，文化态度发生着转变，人们开始相信婚姻影响了个人能力的实现。新兴的人类潜能运动主张自主、成长和创新是人类发展的最高形式，而婚姻起着妨碍干扰的作用。在同一时期，新一轮的女权运动开始强调，男权制度下的婚姻严重限制了女性追求自我发展的能力。激进的女权主义者认为婚姻构成了"奴役"和"合法的强奸"；而更主流的观点是，婚姻限制了女性的才智水平，抑制了她们的自我意识。

这些针对婚姻的言辞也不无道理。贝蒂·弗里丹在《女性的奥秘》中令人信服地描述了 50 年代的婚姻，那真是沉闷得要死，尤其是对于受过高等教育的女性来说。她们无法容忍"一日三餐之后收拾整理，用吸尘器的硬橡胶头去吸散热器后面的毛发，清空废纸篓，清洗卫生间地面。日复一日，周复一周，年复一年，总之全都是各种琐事，没完没了，永无终日"[15]。用弗里丹的话，这些女性做够了这些"连八岁孩子也会做"[16]的家务，她们准备离开玩偶之家，开始一场女性革命。

40 年过去了，在家里家外，女性都赢得了很多新的自由。当代的年轻女性的相关问题变成了：今天的婚姻形式会给女性的生活带来怎样的影响？能帮助她得到健康、财富和快乐？还是会引发抑郁，或给她带来其他可怕的风险呢？过去十年的逐步研究，要么证明了伯纳德的悲观论调并无实据，要么证明了实际上对女性来说，婚姻正在变得愈加健康。[17]

我们先从精神健康说起。30 年前，伯纳德认为婚姻让女性不幸而且抑郁。而最近的研究结果恰恰相反。罗格斯大学在 1996 年发布了一项研究，在长达七年的时间里记录了 1400 名年轻男女的精神健康状况。研究发现，婚姻中的男性和女性的快乐或幸福感都得到提升。与单身者相比，结婚并保持婚姻的年轻人有更高的幸福感。[18] 与之相似的是，最近一项由大卫·布兰奇弗劳尔和安德鲁·奥斯瓦尔德所做的研究，随机抽取十万名出生于 70 年代初至 90 年代的美国人和英国人，并检验了他们的生活满意度。结果发现，这期间女性的幸福感下降主要是因为已婚女性数量的下降。在这 20 年的时间里，这两个国家的未婚和离婚女性的数量都大大增加。[19]

在金钱、健康和性等方面，新的研究也有了很明确的结论：已婚的女性状况更好。布兰奇弗劳尔和奥斯瓦尔德证明，在英、美两国，与寡居和离婚相比，持续一生的婚姻大概价值十万美元。而琳达·韦特和玛吉·加拉格尔在她们的《婚姻案例》中表明：婚姻带来的好处不仅对男性来说特别高，对女性来说也极有意义。已婚男性似乎比单身男性工作得更好：他们旷工率更低，工作时间更长。结论是，已婚男性的收入大概比单身男性高 10%—40%。对女性而言，婚姻和钱之间的关系更复杂。已婚未育的女性享受到的婚姻好处较小，也就是 5%—10%；但在已婚女性的老年阶段，婚姻的好处会以保障的形式大幅度体现，已婚夫妻会比单身者存下更多的钱。[20] 除此以外，丈夫和妻子几乎都会将身后财产，包括退休金，留给对方，相当于为健在的老伴留下一份养老金。考虑到妻子往往比丈夫年轻，女性平均比男性多活七年，这些钱的受益者往往是女性。[21]

已婚人士通常也更加健康。根据《婚姻和家庭杂志》上的一篇评论文章，"未婚的人比已婚的人死亡率更高，女性高出 50%，男性高出 250%"。结论是，未婚人士（离婚、丧偶和从未结过婚）由于多种原因（心脏疾病、肺炎、癌症、车祸、肝硬化和自杀）而死亡的概率更大。而且，这种情况在各种文化中都是如此。在日本和荷兰这样两

创造生活

个截然不同的国家里，未婚者的去世都比已婚者要早得多。

单身男性往往会不顾自己的健康，沉溺于有风险的行为，比如拼命喝酒抽烟、滥用药物、危险驾驶、不良饮食，而且还不去做体检。单身女性倒不会这样疏忽大意、无视安全，但她们的健康程度还是比已婚女性低，因为得不到来自婚姻的经济保护。与单身女性比，已婚女性家庭收入高出很多，而更高的收入可以转换为更好的居住条件、更安全的邻里环境和更高的医疗保险。

最后，我们来说说性的方面。流行观点往往认为，潇洒自在的单身族会拥有更"热烈"的性生活，而事实正相反，已婚人群比单身者拥有更多更好的性生活。[22]过去的十年间，有多项研究翔实地记录了这一情况。芝加哥大学以3500个成年人为样本进行的《全国性事调查》就是这样的研究。43%的已婚男性说每周至少有两次性生活，而单身男性中只有26%达到这样的频率。女性的情况也差不多，每周有两到三次性生活的已婚女性有39%，相比之下单身女性只有20%。此外，与单身的性活跃者相比，夫妻之间的性生活满意度更高。女方的数据尤为明显：42%的已婚女性认为自己对性生活在身心两方面都感到极大满足，而有同样满意度的单身女性只占31%。

这项新研究能做得如此清晰明确，令人赞叹。婚姻对男女双方来说都是格外划算的交易。正如所料，的确存在着性别差异，男人和女人分别以截然不同的方式受益。但总体来说，已婚人群比单身族更幸福、更健康、更富足。

从表面判断，这些发现似乎极具说服力，在作出人生重大决定之前，年轻人都需要好好参考这些宝贵的重要信息。唯一的问题在于，似乎没有多少人意识到婚姻带来的具体好处。接受我访谈的年轻女性对这些研究都一无所知，甚至连心理学家邦尼·马斯林等我采访过的专家，对这些研究也闻所未闻。

为什么此类新研究没有对我们的集体意识产生更大的影响呢？这

个问题的答案存在于我们的政治文化之中。

每种思想都会产生巨大的思维惯性，尤其是那些用于维持强大的意识形态的思想。杰茜·伯纳德对婚姻的批评就是例证。一旦她的分析被当成"事实"接受，它就会被女权主义作为极为有效的武器来反对传统婚姻。反过来，这又会使得她的观点即便时过境迁，也很难被动摇。至少受过大学教育的女性都受过这种婚姻有害论的影响，不相信婚姻会束缚发展、磨蚀潜力的人才是凤毛麟角。

薇薇恩·斯特朗就是这样一个人。在我的记忆中，她特别出挑。因为，在我采访过的年轻女性中，很少有人像她那样完全确信结婚会提高生活质量，愿意把大量的时间和精力投入在以婚姻为目标的感情之中。倒并不是因为她读过什么文献，她和我采访的其他女性一样，听都没听说过那些新研究。但是，她的成长背景或者性格中的某些东西使她排斥那种遍布我们文化之中的婚姻怀疑论。

2000 年春天，我在卡耐基音乐厅的庆功酒会上结识了 29 岁的薇薇恩·斯特朗。她和可爱的新婚丈夫手挽着手回答我的问题，不好意思地谈到了她相当不错的事业和下一步规划。我们简短的初次交谈清楚地表明，如果有人有可能"拥有一切"的话，那也许就是这位正在参加培训的年轻的外科医生了。

又过了几个月，我们约好吃午餐。愉快地聊了半个小时以后，我们慢慢转入了更私密的话题。吃甜点的时候，斯特朗准备谈谈她自己了：

"在二十多岁结婚，这是我的一个特别重大的目标，对实现这一目标的渴望甚至还要大于取得事业上的成功。我一直都认为，在合适的年龄结婚会使自己更幸福，更好地度过这一生。"她往前探了探身，"但是，做起来真的是出乎意料的难。"

有时候，你会发现找好老公比成为外科医生还要难。现在回想起来，连我自己都吃惊，我在医学院上了三年学，居然连一次约会都没有。我周围都是男生，但没有人考虑过我。

关于这一点，我也想了很多。医生们的交往能力不强，工作压力很大。所以，他们需要一位有时间和耐心的女人来填补这方面，同时也不会在其他方面对他们构成威胁。因此，他们会寻求事业心不那么强的女人：护士、理疗师、社工。总之，是那些愿意把自己的工作放在第二位，甚至愿意在有孩子之后完全放弃工作的那些人。显然也有例外，但总体来说，和同行谈恋爱可能会带来工作、收入或者是才智上的挑战，这些是男医生们不想要的。

我永远都不会忘记一个男人，我刚从医学院毕业后和他处过对象。他不是医生，而是一家电视广播公司的管理人员，那时的我已经不想和医生约会了。是的，他的确是个有吸引力的成功人士，但他还是因为我的学历比他高而耿耿于怀，他有大学毕业证，但没有专业学位。他不停地说我的职业很棒，我一定是个天才。我记得有一个晚上，他在饭桌上不停地谈论我如何献身于救死扶伤的事业——像传教士一般！简直是太荒谬了，让我坐立不安。后来，我们只见了几次面，因为太不自在了。我相信，他不喜欢被我吓住，我也不喜欢被捧上天。当时，我觉得很可惜的，因为我们真的挺喜欢对方。但我学到了一个重要的教训：永远不要和没有专业学位或博士学位的人约会。男人很不乐意与学历更高的女人在一起。

斯特朗在威斯康星州长大，是一个传统家庭的乖乖女。她父亲是一位成功的外科医生，母亲是一位极有才艺的家庭主妇，会贴墙纸、做窗帘、设计庭园、烹饪和缝纫。

斯特朗就读于韦尔斯利女子学院，接着读了康奈尔医学院。拿到医学博士学位后，她进入了住院实习期。我们认识的时候，五年实习期中她已经进行了三年半，开始考虑职业规划了。鉴于优秀的学习成绩，她倾向于把教学医院的研究工作和个人实践结合起来。她非常清楚外科领域仍然是男人的地盘，这个领域里只有9%的副教授和3%的教授是女性，但她没有被吓倒。靠着优秀的工作态度和业务水平，她觉得自己能获得成功。

谈到这儿，我意识到和我谈话的是一位非常坚定的年轻女士，在约会方面也有过困难。因此，我对她的恋爱和最终的婚姻充满了好奇。她的丈夫是谁？他们怎么认识的？更重要的是，为什么这段恋情有了结果，而之前的不行呢？据斯特朗说，这属于一见钟情。

我和吉姆是通过朋友认识的，一见面我就知道他是我要找的人。我们被对方深深地吸引，他的优越条件也让我很满意。吉姆是从律师转行去经商的，高学历，但和我又不是同一个行业。他年龄大一些，因此也不太会觉得受威胁。我也没有给他机会让他这样想。鉴于我和电视广播公司那位的经历，我低调了很多，表现得很支持他，一点也没有威胁。

在刚开始约会的阶段，我的这套方案真的是经受了考验。吉姆的父亲刚刚去世，他正焦头烂额地忙于接管家族生意。他最棘手的难题之一就是去结识客户，赢得他们的信任，让他们相信他能够满足他们的需求。说白了，做法就是一场接一场的饭局——有时候一星期要四场之多。吉姆请我来帮他招待客人，因为很多客户会带着妻子来，他觉得我在场会让这些晚宴进行得更成功。

我记得我考虑过：如果我希望这段关系能够顺利开始，我就需要想办法支持他，把这些宴会办好。而做后勤是很累人的，当时我刚开始住院实习，每周要工作上百小时。能够搞定这些晚宴的唯一方法就是两头同时兼顾，与同事调时间，接二连三地加班，以便能够空出晚上的时间，赶到饭店充当和蔼亲切的女主人。我不得不说，很多次我更想做的是泡个热水澡。值了三十六小时的班以后，我最不想做的事情，就是再花两个半小时和一群素未谋面的人共进晚餐。

这些晚餐对我来说没什么意义。别误解，它们并没有令人不愉快。作为一名医生，我总是可以让谈话进行下去的，因为人们喜欢谈论他们的疼痛和痛苦——关节炎、减肥节食、前列腺癌治疗，什么都有。但回想起来，这些客户中没有一个人是我愿意花时间与之共度的。关键是，我爱上了吉姆，我就需要额外地付出，以便向他表明，即便我有自己的事业，我也知道如何支持和忠诚于我的伴侣。

瞧，你懂得，一切都有了回报。

斯特朗满脸都是灿烂的微笑。"吉姆非常感激，我也感受到了他的感谢。那些晚餐好像让我们成为一个团队。一年后，我们订婚了。又过了两年，我们结婚了。"[23]

尽管薇薇恩·斯特朗的生活之道毫无深奥之处，但她与同代人的做法还是大相径庭。她对婚姻做规划，使其变成现实。她很理智地做了规划，为吉姆倾注了时间和精力。同样，她也在心理上做了规划，愿意为了成就心上人的事业而牺牲部分的自我。

这本书里我采访到的年轻女性中，大多数人并没有准备为婚姻做出这样的让步。她们担心自己会像父母那样以离婚收场，于是一门心思先"发展好自己"，再考虑为他人做点什么。但遇到关键时刻，她们还是没做好准备，不愿为婚姻生活做出必要的牺牲。而斯特朗就非常清楚，她必须要为婚姻有所牺牲。相比之下，许多她的同龄人似乎认为，任何需要做牺牲的恋情都毫无疑问是不完美的。

这就是为什么本章内容会提供极大的帮助，它能够帮年轻女性摆脱对婚姻的顾虑和怀疑，想明白必须尽早建立稳定的恋爱关系，哪怕要放弃部分的自我价值。新研究清楚地表明，女人能够结婚并维持住婚姻（这是重要附带条件），这会对她有诸多好处：寿命延长、经济保障增高以及性生活更幸福。而以本书的观点来看，更为重要的好处是：女性能大大增加生儿育女的机会。尽管现代女性能选择自己抚养孩子，而且确实有人这样做了，但这是一条漫长而艰难的道路。我们调查到的情况可以证明，"高成就女性，2001"的受访女性中，只有3%选择婚外生育（或领养）。

那天我采访邦尼·马斯林时，她提出一个概念上的突破：

38岁的女性表现得像28岁的一样，68岁的女性表现得像58岁一样，我已经对这种现象习以为常，以至于我差点自己都相信这样也没什么不好。女人仍会经历生命中最美好的30年。

但是，延迟成年对生育的影响可太大了。我的生物学知识足以懂得，女性的卵子数量与生俱来就是有限的。在三十八九或四十出头的时候，卵子就开始要排光了。无论她看起来身体多棒，无论她花多少钱用于治疗，都不能够改变这个生物事实。推迟成年就意味着很多女性实际上在"浪费"着她们的生育机会。[24]

这时候，情绪激动的邦尼·马斯林开始在她客厅的沙发上画一些线条。她用手指甲在奶油色的天鹅绒座垫上画了两个草图，然后坐回去欣赏她的作品：

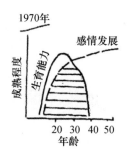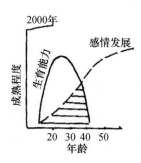

先不谈她画得怎么样，马斯林如此激动不是没原因的，她的草图能说明很多问题。我们会在第五章中看到，女性的生理和情感的成熟程度完全不同步，在生育问题上不谨慎就会酿成大祸。在今日社会，女人们在工作和感情上都追求真正的自我实现，这种努力格外的旷日持久。成功的女人们耽搁了恋爱和婚姻，等她们回头一想就会发现，自己已在不知不觉中与最佳生育期擦身而过。

第五章　不孕症治疗：高科技生殖技术开出的空头支票

一个周日的上午，天色灰暗，我和琳达·达文波特约好，在西雅图派克街市场附近的一家饭店共进早午餐。达文波特是我在 80 年代后期教过的一个学生，和我一直保持联系。她现年 35 岁，在一家发展迅速的软件公司当市场总监，这家公司就位于这座时尚都市的郊区。一番例常的寒暄之后，她急匆匆地说起了生活中的大事。她刚和同居了四年的男友兰斯分手。"我像他一样工作努力，这样子他就是接受不了。"她说："他的观念很不公平。我是说，如果我下班回家而他还没有，我就该坦然处之；但如果他回到家而我还在加班，他就会非常不满。他就是觉得我比不上他。"

我向她表示同情，说了点安慰和支持的话。达文波特看上去饱受煎熬，她把餐巾小心翼翼地叠了又叠，强忍着泪水。"一到周末就很难熬。"她的声音很轻。

过了一会儿，她振作起来，又充满了活力。"我一直以为如果我到了 35 岁还是没孩子，就会割腕自杀或什么的。但现在，我真觉得能松一口气了。医学上的不断突破能让女人越来越晚地要孩子。你读过有个印度女人在 63 岁生孩子吗？我觉得太棒了，我可以到 40 多岁再要孩子。这就轻松多了，我感觉一下又多了七八年的时间。"[1]

事情并不这么简单。一个 35 岁的女人还能等？还能不慌不忙地先发展好事业，然后找个好男人，最后才考虑要孩子？要是真能这样就好了。真实情况是，如果琳达等到43岁或45岁再去尝试要孩子，那么她极有可能永远也要不上了。

近年来，女性被兜售了大量生育方面的好消息，媒体乐于炒作生育奇迹，生殖行业也急于从老来求子者身上牟利，于是太多的年轻女性受到了误导和哄骗，从而产生一种错误的安全感，相信辅助生殖技术（ART）能帮她们摆脱困境。像达文波特一样，她们觉得面对的新选择应有尽有：体外受精（IVF）、输卵管内精卵植入（GIFT）、受精卵植入输卵管（ZIFT）、捐赠卵子等。所以，何时或怎样要孩子之类的难题就可以一拖再拖，等以后再考虑。她们真的觉得自己可以"倒拨生物钟"。"高成就女性，2001"的受访女性中，几乎有90%的28—40岁女性相信，辅助生殖技术会让她们在40多岁还能怀孕。

不幸的是，琳达·达文波特和受访者们的乐观并无根据。年近不惑才开始要孩子的妇女要面对的成功率实在太过低微，不管要付出多少努力或者要花多少钱。本章后面的研究表明，一个女人要在40出头的年纪通过规范的体外受精手术要上孩子，通常成功率仅有3%—5%。这个年纪的妇女不仅极难怀孕，而且就算怀上，流产的概率也高达50%—80%。

卵子捐赠能显著提高大龄女性的怀孕成功率，但如何获得这些宝贵的卵子也并非易事。价格昂贵，上涨飞快（从一开始的3000美元已经涨到了5万美元所谓的定制卵子），而且由于需求始终超过供给量，很多诊所的等候名单已经很长，不再接诊大龄女性了。

行业对这些情况讳莫如深。在美国，生殖医疗已经成为一个利润畸高、价值达数十亿美元，而且喜欢炒作的产业。近年来，生殖诊所如雨后春笋般生长（从1996年到2000年，诊所的数量翻倍，在全美境内已超过了400家）。诊所间争夺有钱的病人的竞争日益激烈，有些相当不堪的情况就被遮掩起来。比如，诊所经常会虚报成功率，所谓成功是指成功受孕，而不是最终出生。由于40多岁妇女的流产率极高，所以这种新的定义会把大龄妇女的真实成功率翻个两三倍。

安妮·纽曼是《商业周刊》的作家，她现在觉得，要是自己和丈夫能早点多懂些生殖行业的内幕就好了。

几年前，在健康妊娠三个多月之后，我流产了，这是我的第四次也是最后一次。当时，我45岁。化验报告说宝宝是个男孩，有唐氏综合征。我的丈夫保罗和我在三周前刚通过B超看到了他，他有一个小胎儿特有的大脑袋，小手有力地挥舞。我们已有一个出色的三岁女儿伊丽莎白，我们憧憬着能把一个像她一样健壮的小婴孩带回家。

这是极为令我心痛的损失，我们以为已经熬过了前12周的危险期，开始相信宝宝安全了。但是，组织活检显示宝宝有唐氏综合征，我就知道我们不能再试了，只能作罢。我终于明白了我们的风险有多大。

保罗和我曾相信，科技会帮我们增添胜算。我们大概也知道，年龄的增加会让妊娠变得更难。即便最后一次怀孕时，我都一点也不知道会有53%的流产率，而且每26个孩子就有1个患有染色体疾病。我应该事先做功课的，但我没有。

回想我们的经历，我很生医生们的气。我的产科医生不断说我是一个"45岁的年轻人"，让我坚持尝试。这些生育医生热情洋溢，干劲十足，鼓动妇女们去相信年龄不是问题，可这显然是个大问题。他们只讲那些成功案例，而对我们大部分人遭遇的痛心损失鲜有提及。失去四个宝宝的痛苦层层累积，一直让我们不堪承受。第一次流产之后，我们举行了一个小型的、私人的纪念性葬礼，把这个孩子安葬在贵格会的公墓里。但我们无法再去埋葬后面的三个。我们总有一天要去面对这些死亡的现实。

我从没想到会在生孩子方面出问题。我原来满心希望能在30

岁的时候当上妈妈，但没能如愿。从 20 多岁到 30 岁出头，我作为一名非洲事务的自由专职记者，这就意味着很难安顿下来。这也是我返回学校转职成为一名商业记者的部分原因。在那时，我才遇到了我的丈夫，但我已经 37 岁了。

三年后，我终于披上了嫁衣，而且在《华尔街日报》找到了好工作。保罗和我立刻开始要孩子，而且实际上，我只试了一个月就怀上了，没吃任何催孕药。家庭相册里有一个咧嘴傻笑的 40 岁女人，手指着阳性的验孕试纸。两个月后，B 超显示我怀的是死胎。

我永远也忘不了 1992 年的那次民主党全国大会。我的双腿被架了起来，我看着电视里的克林顿一行人，等着我的第一个孩子被打出来。只要在广告或会场里看到孩子，我就会哭出声来。6 月 17 日凌晨 3 点，胎儿被打出来了。我努力收拾好心情，然后遵从医嘱，认真地把带血的组织收在一个小袋子里，送到医院的化验处。

像很多其他女性一样，我试着对第一次流产不以为意。很快，我回到岗位上忘我地工作。三个月后，我再次怀孕，之前只服用了一个月的克罗米芬——这种受孕药物能够刺激卵子从卵巢中排出。这次我的医生给我开了黄体酮，用来增强我的子宫内膜并帮助胎儿发育。

我当时的食量大如牛，胖得厉害。经过 42 周的规范妊娠，我生下了 8 磅 13 盎司的伊丽莎白，时间就在我 42 岁生日的前一个月。有一小段时间，哥伦比亚大学新闻学院的那些老同学们都说我是晚育妈妈们的典范。

受到伊丽莎白的鼓励，我们计划再要一个孩子。但别的事情插了进来（我的婆婆得了绝症），16 个月匆匆过去，我们才再次尝试。大剂量服用了 5 个月的克罗米芬，我才怀上孕。两个月之后，B超再次带来坏消息：胎儿无生命体征。

这次失败之后，我的医生建议我接受生殖专家的治疗，于是，我开始按照强化生育规范服用普格纳，那是一种比克罗米芬更强的药。保罗每天例行地给我的胳膊打针。我再一次怀孕了，然后又再一次流产了，这次只有6周。

现在，我会劝所有还有机会的人千万别拖到四五十岁才去要孩子。我试着解释要想怀得上、保得住、生得好，那么概率到底才多大。我给年轻女性的建议就是：30出头就考虑要孩子，尤其是如果你想多要几个，做好功课，了解情况，如果你比我们开始得早，你就可以避免痛苦的后果。

但是，一旦说出这样的建议，我立即就意识到了说得容易做得难。以我为例，我在30多岁的时候忙于换职业，35岁那年回哥伦比亚大学拿了硕士学位。而且，我直到37岁才遇到了我的真命天子——之前遇到的都是些弱智。

所以应该怎么办呢？最起码，研究生学院应该起点作用。哥伦比亚大学，或其他的我所知道的高校，都未曾开设一个教授如何兼顾事业和家庭的课程，然而这才是职业生涯中最让人挠头的难题。我们需要研究生学院开设这样一门课，它鼓励人们——包括男人和女人——更好地规划未来。[2]

在生殖科技与生物钟的较量之中，最显著之处或许就在于这场变革是如何失去了其革新意义。

绝大多数妇女还是采取传统的生育方式。1998年的最新统计数据显示，有25582名新生儿是试管婴儿（这说明其中大部分出生要借助辅助生殖技术）。这一数字仅占当年390万新生儿的千分之六。而且，当年仅有3624个婴孩是45岁以上的母亲产下的。事实上，在35年之前，由45—49岁的妇女产下的孩子比现在还要多。[3]这是因为，在接近

50 岁时还能成功怀孕并足月生产的人是一个已经生下几个孩子的健康的已婚妇女，而不是像温迪·沃瑟斯坦那样的单身无子的女人。

媒体津津乐道于那些成功案例。"63 岁的奇迹妈妈！第一图片加最快专访！"1997 年母亲节那天的《国家询问报》这样叫卖。这个通俗小报讲述了一个颇能吸引眼球的故事。

阿奇里·葛从菲律宾移民到美国，现住在洛杉矶以东 60 英里左右的高地区。1980 年，她 47 岁时结了婚。她和丈夫伊萨格尼尝试过要孩子，但葛很快就进入了绝经期，开始意识到几乎没有可能怀上梦寐以求的孩子。几年后，她了解到体外授精技术。于是，她谎报年龄，进入了加州大学洛杉矶分校的卵子捐赠项目。在那里，她接受疗程，成功怀孕并产下一女婴。

1996 年 12 月，女婴辛西娅足月出生，重 6 磅，医生说她"壮得像匹小马"。令人惊奇的是，这位 63 岁的妈妈居然还能用母乳喂养她的宝宝。有些人对她的年龄表示担忧，而葛对此并不这么想。她说，她的家族里有很多人都活到了九十多。所以，她并不担心有可能看不到女儿的成长。实际上，如果上帝允许，她还想给辛西娅添一个弟弟或妹妹。不过，她决定那要等女儿上幼儿园再说（到那时，葛将要接近 70 岁了）。

葛的一家都是很低调的人。伊萨格尼是一家聚氨酯泡沫厂的工人，一年只赚 2.4 万美元。然而，夫妇俩攒下 3.2 万美元，支付了人工授精疗程中的各种费用，最终怀上并生下了辛西娅。"我没想去创造历史，"阿奇里·葛告诉一家英国报纸，"我只是想要个孩子。"

难怪像琳达·达文波特这样的女性会对这样的故事心驰神往——这可是一个上了《今日秀》的故事，而且每家美国报纸都对它大肆渲染。其潜台词格外诱人：如果最前沿的生殖技术能让一位工薪阶层的移民女性在 63 岁高龄要上孩子，甚至还能母乳喂养，那么对于富裕的、教育良好的白人女性来说，她们在 40 多岁生个孩子自然是小菜一碟了。时尚杂志将那些大龄名流妈妈们的故事添枝加叶，进一步强化了这个诱人的潜台词。

《你好》杂志对简·西摩尔故事的宣传做得相当出色。西摩尔是长篇电视剧《女医生》的主演，她在 44 岁的时候怀上了双胞胎。西摩尔和她的丈夫导演詹姆斯·基彻，在巴斯城外建于 18 世纪的庄园豪宅里度假放松时被人拍到照片。据他们说，他们与原来的配偶已生过不少孩子，但他们婚后，还是想生个他们俩的孩子。有了输卵管内受精技术（GIFT，体外受精的变种技术）的帮助，这根本不算问题，很顺利就怀上了孩子。当然也不全是一帆风顺：西摩尔出现了先兆子痫，结果这对双胞胎早产了 6 周，但都没有什么大问题，他们都很健康，而且很可爱。作为"嘉宝"品牌宝宝，他们的婴儿食品广告出现在全国的报纸和电视上。

《人物》杂志为谢里尔·蒂格斯作了封面特别报道。这位 52 岁的前模特非常开心，因为她和她的丈夫瑜伽大师罗德·斯特赖克，一直都想要双胞胎，一位代孕妈妈帮他们梦想成真。这对夫妇从 1998 年起就尝试怀孕，但几次体外授精都失败了。之后，他们转而尝试代孕。"我们找到了这位天使，她愿意帮我们怀孩子。"蒂格斯说道。蒂格斯服用了催卵药，以增加可供采集和授精的卵子数量。然后，受精胚胎被移至代孕妈妈的子宫里，这一操作首次尝试即获成功。蒂格斯说："我的卵子加上我丈夫的精子，所以他们就是我们的孩子。"她接着又说，她觉得如果自己能年轻一些的话，会是一个更好的妈妈。[4]

《谈话》杂志刊登了兰登书屋的编辑海伦·莫里斯的故事，她是马丁·斯科席斯的第四任妻子，在 52 岁的年龄上要了第一个孩子，而且好像很轻松。根据文章所说，莫里斯仅仅是碰巧在正确的时刻来到了正确的地方。

1995 年，就在她 50 岁之前，在她为已故的迈克尔·鲍威尔编辑回忆录时，遇到了他的朋友马丁·斯科席斯。两人一见钟情。两年后，这对幸福的伴侣就同居了，住在斯科席斯那洒满阳光、摆满书籍的城区别墅里。又过了一年，他们骄傲地生下了宝宝弗朗西斯卡。

在这本杂志的描述中，生孩子这部分出奇得简略。"我去找我的妇科医生，"莫里斯说道，"他认为我年纪有点大了，就推荐了一位纽约的医生，这个人很擅长处理高危妊娠。我的肚子很快就大了。我想说我都 51 岁了，还患有帕金森症，我卧床不起好几个月，但一切都挺顺利，电视我可看了不少。"[5]

等一下，难道我们不应该看看现实情况吗？到底有几个 52 岁的妇女能拥有如此逆天的好运气，能平安度过受孕期和妊娠期，难道读者不应该知道吗？更别说她还是个帕金森病患者了。最起码，这篇文章也该讲清楚即便是幸运的人也要面临的难题。拿体外受精的报价为例：超过 90% 的高龄受孕会使用体外受精技术，价格从 1 万美元到 10 万美元不等，取决于需要试多少次以及是否需要卵子捐献。而且，任何体外受精疗程都需要注射极度令人不适的普格纳，这种药会让你像个河豚一样胖起来，而且会让你的情绪很不稳定，一到下午你就会以泪洗面。

葛、西摩尔、蒂格斯和莫里斯的故事传递了一个危险的信息：女人们可以等以后再要孩子，因为只要她们做好准备，科技能够化解困难。但是，在每个成功得子的 52 岁妇女背后，数以千计的人们在无谓地浪费着精力、时间和金钱。现实情况令人警醒：十年（1989—1999）以来，50 岁以上生子的美国妇女还不到 200 人。

所以，什么才是真相？

抛开炒作和营销不谈，大龄妇女在辅助生殖技术得以广泛应用的年代成功怀孕的概率到底有多大？而且对她自己和未来宝宝的健康来说，风险到底有多大？

首先，就算有人能在 63 岁时首次妊娠成功，但年龄始终都是绕不过去的问题。确实，今天的女性比以往任何一代都更加健康，寿命也更长。但是，总体来说，即便考虑到新科技的因素，她们的生育能力多少还是比她们的母亲差一些。现代女性有可能会经历好几个性伴侣，所以患上盆腔炎症的概率就会更高。炎症会造成瘢痕组织，从而堵塞输卵管。通常，她们还会错过 20—30 岁的最佳生育期。最终结果就是更高的不孕率。

生育率的下降会在 30 岁后开始，并在 35 岁之后加速。根据梅约医学中心披露的数字，生育能力高峰期是在 20—30 岁，过了 30 岁会下降 20%，35 岁之后会下降 50%，40 岁之后会下降 95%。经过一年的尝试，28 岁的妇女中有 72% 成功怀孕，而 38 岁的女性中只有 24%。

生育能力的急剧下降看起来极其令人震惊。"我没法告诉你究竟我们在求助热线上接待过多少人，她们哭诉着自己一点都不清楚生育率是怎样随着年龄下降的。"黛安娜·阿伦森说道。她是"解决不育协会"（RESOLVE）的前执行理事，这个协会是一家帮助人们处理不孕不育和怀孕失败问题的援助性网络机构。"必须让所有人都知道，生育会随着年龄增长变得愈加艰难"。

根本问题在于，女性的卵子会越排越少。一个女婴出生之时就拥有了她所有的卵子细胞，多达数十万个，储存在她的卵巢内。卵子每个月会从卵巢排出卵子，越排越少，直到绝经期全部耗尽。克里斯蒂娜·马泰拉博士是纽约长老教会医学中心临床妇产科的一位助理教授，用她的话说，"女人不明白的是，尽管她们看起来不错，感觉也很好，生活充满活力，但是她们的卵巢依旧在变老"。[6]

年龄增长并不是不育的唯一原因。全美大约有 600 万配偶有不孕不育问题，其中只有一小部分面临的是和年龄相关的问题。医学问题中，常见的包括输卵管堵塞和精子数量不足。针对这些情况，辅助生殖医疗新技术的应用效果确实显著。而对于年龄相关的问题，辅助生殖技术则显得力有未逮。泽夫·罗森瓦克斯博士是纽约医院康乃尔医学中心的生殖医学中心主任，他把这个话题说得很明白："如果你超过 40 岁了，辅助生殖技术也不可能解决你的生育问题。"[7]

让我们探讨一下，到底辅助生殖技术是什么？

首先要了解，辅助生殖技术有多个不同的种类。许多夫妻在开始阶段会用某种较为简单的技术，一旦失败，他们就会"升级"到更为昂贵而且伤害更大的技术。事情的进程往往是这样的：如果夫妻俩经过一年的努力还没怀上，医生先是会推荐一套激素疗法，刺激卵巢排出更多的卵子，从而确定是否仅此而已就能解决问题。如果还无效，夫妻俩就可能要选择接受体外受精（IVF），这种疗法针对的是年龄相关的不育问题。

每轮体外受精大约要花费 1.2 万美元，需要一整套复杂的步骤。首先女性要服用醋酸亮丙瑞林和普格纳的组合药物，以刺激卵子的排出，这会让她处于一种高排卵或超数排卵的状态。医生通过超声和血液荷尔蒙测试密切监控其卵巢，以确保卵子的成熟。接下来，在自然排卵之前，一个细长的针管在超声影像的引导下，刺穿阴道壁进入卵巢。成熟的卵子被移出，并和事先备好的精子放置在一个孵化器里，让卵子受精。再过两天，待到 2—8 次细胞分裂之后，这些"前胚胎"中的几个就会被一根导管送到女性的子宫内。两个礼拜之后，她就可以去查血来确定是否怀孕了。

大龄女性的体外受精成功率有多高呢？数字是极为令人沮丧的。

美国生殖医学会（ASRM）从 1992 年就开始追踪记录全国的生殖诊所的成功率。1999 年当时最新数据表明，35 岁以下的妇女经过一轮体外受精疗程，有 28% 的概率可以受孕并成功产子。39 岁的女性成功率就降到每轮仅 8%，而 44 岁就跌至 3%。医学会的数据在 2000 年 9 月的一个最新研究中得到验证，此研究分析了曾经尝试辅助生殖医疗的 431 名 40 多岁女性的成功率。这些女性中成功生子的比例只有 4.5%（孩子出生作为成功标准，要比仅仅怀孕更为妥当），而且所有的成功案例都出现在 41—43 岁年龄组。研究者建议医生不用治疗超过

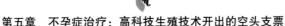

44 岁的病人。[8]

即便一个 40 多岁的妇女借助辅助生殖技术怀上孩子，她还要冒很多可怕的风险。最广为人知的就是，孩子罹患唐氏综合征的可能性增加，这种病兼有智力上的迟钝和身体上的异常。25 岁的妇女仅有 1/1250 的可能性产下唐氏病婴儿，但 45 岁妇女的可能性就是 1/26 了。近年来，这种染色体疾病对 35 岁以上妇女来说已经不算是难题了，因为通过一个常规产前检查就能诊断或排除唐氏病。

更严重的还有流产的风险。长久以来，人们都知道大龄女性的流产率会高于平均值，因为她们的卵子出现基因缺陷的可能性更大，不能够成功着床。发表在《英国医学期刊》2000 年 6 月刊上的一项新研究测定出了这个比例到底有多高，丹麦的这项研究发现，大龄组中，超过一半的妊娠会以胎儿流产告终。[9]这个研究基于 60 万女性的大样本，明确地显示出流产与女性的年龄相关。在 22 岁时，一个妊娠妇女由于流产而失去孩子的可能性仅为 8%；但是在 48 岁，可能性会增加到 84%。研究还发现，若是大龄女性怀有多胞胎的话，风险会更大。

"超级多胞胎"（三胞胎或更多）的发生率从 80 年代中期到现在已经翻了两番，主要原因是不孕症诊疗的一个意料之外的副作用。要么在体外受精环节中有过多的胚胎被植入，要么过于强劲的受孕药物如普格纳，使卵巢异常活跃，一次排出 8—10 个卵子，而这些卵子就有可能会变成 8—10 个孩子。由于生育专家过于积极的治疗，大龄女性为多胎妊娠冒的风险实在太大了。

当我们读到又聪明又可爱的超级多胞胎幸运出生并茁壮成长的故事时——1999 年的麦考西七胞胎就是这样的例子——我们很容易就会忘掉五胞胎或七胞胎通常都变为医疗悲剧。路易斯·基思是芝加哥多胞胎研究中心的主任，在谈到多胞胎生育的媒体形象时，他变得非常激动。那些婴儿"经过修饰美化之后看上去好极了，又漂亮又强壮。而报道的失真之处在于，媒体急于讲述一胎五胞的故事，每个都有四磅或者更重。但是，他们却认为其他一些病例不具有新闻价值，在这些病例中，多胞胎过早地出生，然后一个接一个死去"[10]。

在一份 1991 年的报告里，美国妇产科医学会的伦理委员会敦促医生要先于治疗之前，针对多胎妊娠的"可怕后果"向不孕症患者提出警告。"这些个例在媒体上被大肆炒作得耸人听闻，而事实上，这会造成医疗灾难。"詹姆斯·格列佛博士说道。他是纽约大学医学中心生殖内分泌部门的负责人。[11]

1998 年，帕姆·贝吕克给《纽约时报》写了一篇关于多胞胎父母的小说：

> 如同很多其他爸爸妈妈那样，他们也发出了喜帖：马里奥和简·西蒙骄傲地宣布家庭新成员的诞生。喜帖上列了三胞胎的姓名，出生时的重量和长度，还有出生日期：1997 年 6 月 21 日。
> 而彩色照片则记录下了文字以外的内容：安伯·拉克尔在新生儿暖箱里照着黄光；夏恩·芭芭拉的胸、腿、胳膊和手上都接满了管线；马里奥·维克托的嘴巴里插着呼吸机的管子。
> 在安伯的照片旁边是另一项关键数字："1997 年 6 月 24 日，死亡。"夏恩的照片说明则是："1997 年 7 月 6 日，死亡。"到出生通知邮寄出去之时，仅剩下小马里奥还活着。[12]

多胞胎（三个或更多婴儿）怀孕的现实情况如此残酷。孩子的危险性早产十分普遍；很多孩子的重量会低于 3 磅 4 盎司，这是极低出生体重儿（VLBW）的官方指标。极低出生体重儿中相当一部分（大概 10%—20%）会在出生一年内死亡。对于幸存的小孩子来说，脑瘫和一大堆尚不明显的缺陷会让他们在漫长的黑暗岁月中饱受煎熬。目前，已有相当多的证据证明，极低出生体重儿存在显著的健康问题。他们会反复感染，频繁住院，在身体、认知和行为发展等很多方面落后于同龄人。

《儿科学》2000 年 2 月刊上的一篇研究，跟踪了 150 名出生时体重不足两磅的婴儿，表明极低出生体重对父母和孩子的后续影响将会持续终生。[13]到这些孩子十几岁时，会有很多人出现明显的生理障碍，包括脑瘫、失明和失聪。而且，很多人还会出现学习困难。近半数的孩子需要接受特殊教育辅助，与之相比，足月出生儿的控制组中仅有 10% 需要辅助。2000 年 5 月，谢里尔·盖伊·施托尔贝格在《纽约时报》上发表了一篇关于极低出生体重儿的文章。

亚历克丝·马丁已经 11 岁了，出生时他重 1 磅 2 盎司，只是一小包粉红色皮肤包着的小骨头，手指还没火柴棍粗，而腿是那么的细，说不定能戴上他爸爸的结婚戒指。

今天的亚历克丝是一个金发白肤的五年级学生，带着些……他妈妈称之为标记的东西：轻微的脑瘫、哮喘、多动症和阿斯伯格综合征，这是自闭症的一种。在这个大多数孩子已经学会分数的年龄，亚历克丝在努力学习加法……亚历克丝不能骑自行车。他依旧穿着带魔术贴的运动鞋，因为他的手指不能控制复杂的鞋带。马丁太太说："生活对他来说不可承受。"

他的父母时常也会感到无法承受……马丁夫妇对于亚历克丝能不能活下来的担忧已经消失很久了，但新的忧愁同样令人生畏：他们的儿子能不能学会在杂货店找个零钱，或者学会开车，或是保住一份工作，还有他们去世之后谁能来照顾他。[14]

也许，不孕症诊疗的最危险之处在于它增加了女性的癌症风险。科学家们早就意识到很多癌症，特别是生殖系统癌症（乳腺、卵巢、子宫、前列腺）会由于服用激素而恶化。早在 1989 年，时任美国国家卫生研究院人口研究中心主任的弗洛伦丝·哈兹尔廷博士就在一次生

创造生活

殖专家大会上发出警告。她问所有在场专家："每个人都注意到了口
服避孕药的癌症风险，但那些受孕药物呢？"[15]

1993 年，斯坦福大学的艾丽丝·惠特莫尔博士发表了她的研究，
让这些风险受到更大的关注。这份研究发现，接受不孕不育治疗的女
性罹患卵巢癌的概率是其他女性的 3 倍。[16]

惠特莫尔的研究引来了一片喧嚣。服用受孕药物的女性吓坏了，
而她们的接诊专家们无疑也都惶恐起来。部分专家试图去败坏惠特莫
尔的名声，其中一个说法就是指责她是个三流科学家。美国生殖医学
会的主席向会员们发出了一份备忘录，称她的研究"有严重的缺陷"。
同时还有一个顶级英国生育专家说："众所周知，这份（惠特莫尔的）
论文是极其低劣的研究。几乎没有理由能够认为生殖治疗和癌症之间
存在相关性。"

这场喧嚣渐渐平息，即便惠特莫尔也自认自己的调查不具结论性
意义。她猜测，也许是她研究中的那些不孕症妇女本身就潜藏着某种
卵巢缺陷，既让她们无法受孕又导致了恶性肿瘤。同时，她还承认了
她的研究没有区分不同类型的不孕症。例如，输卵管堵塞的女性与丈
夫精子数量低的女性混在了一起。

惠特莫尔的研究的确存在着方法上的问题，但随后几个更为严谨
的研究仍能表明不孕症治疗和癌症之间至少存在着某种关联。1994
年，玛丽·安妮·罗辛博士调查了 4000 个在七八十年代接受过生殖医
疗的妇女，发现服用排卵药物克罗米芬多达 12 个疗程或以上的妇女，
患上卵巢癌的概率增高了 11 倍。[17]

后来的两项研究未能证明不孕症治疗和癌症之间的紧密关联。
1999 年发表在《柳叶刀》上的研究，调查了 2.9 万名在八九十年代服
用过生育药物的澳大利亚妇女，显示患上乳腺癌或子宫癌的风险仅仅
在早期有"短暂的"升高，在治疗后第一年内可检测到。[18]1999 年发表
在《生育与不孕》上的研究，调查了 1197 名以色列妇女，研究未能

"证实受孕药物的使用与乳腺癌或卵巢癌患病风险增加之间的关联"[19]。然而，正如多个领域专家指出的那样，这项以色列研究调查的妇女样本太小，所以其有效性是有限的。

所幸还有更详尽的研究正在进行之中，比如美国国家癌症研究院正在资助一项研究，这项研究涉及大约 10 万名妇女，她们在过去 30 年中都接受过不孕不育治疗。但研究结果至少 3 年后才能出来。

与此同时，行业内的专家告诫女性和她们的医生要更加谨慎。根据《生育与不孕》的最新社评，"生物学理论和流行病学证据支持在不孕症诊疗和卵巢癌之间可能存在关联性……因此，治疗方案应该缩短，接受药物治疗的女性应该得到更严格的观察"[20]。

对于那些罹患可怕的卵巢癌的女人们，这种低调谨慎的用词只是于事无补的安慰。很多人既痛苦又愤怒，坚信自己的癌症是不孕症治疗引起的，自己被那些急于名利双收的医生们当作"实验室的小白鼠"。利兹·提尔布里斯是《时尚芭莎》的前任编辑，她在最新的自传中描述了她与卵巢癌的斗争。提尔布里斯被大剂量化疗搞得筋疲力尽，骨髓移植之后沦落到动物般苟且求生的境地。她这样写道："每天，我的身体都在发生一些可怕的变化，我的嘴巴里全是溃疡，让我无法吞咽自己的口水。所以我要靠一个小装置来排空我的嘴巴。我知道我嘴角流涎，但我不在乎了。最糟糕的是寒战——无法控制的战栗，越来越厉害，就像是癫痫病发作一样。"[21]

在与癌症做斗争的五年里，提尔布里斯有足够的时间来反思疾病从何而来。她确定有两个源头：性解放和辅助生殖医疗。讽刺的是，这两场"革命"都是为女性创造新的自由和新的选择，而不是痛苦和绝症。

我们这代人迎来了性解放，但对我来说革命性也没怎么大。我在安德鲁之前有过两个性伙伴，我们相遇相交，像天鹅一般生

创造生活

活。但偏偏却在绝对洁身自好的单身日子里，我患上了盆腔炎
（PID）。我当时根本不知道生病了，只知道自己得了真菌感染，
这在英国被称为画眉病（译注：念珠菌阴道炎）。我去了诊所，
他们给我开了些黄色的阴道栓剂来止痒。真菌会遮掩其他更为恶
劣的性传染病，你不一定非得滥交才会感染——只是不走运而已。
一无所知的情况下，我的病发展成阴道炎并传染了输卵管，变成
了输卵管炎，这是盆腔炎的一种，最终导致了我无法怀孕。

十年后，当提尔布里斯尝试怀孕时，才发现她的两条输卵管都因
为输卵管炎而完全堵塞了。每条输卵管内径只有几毫米，所以细菌感
染极易使输卵管内壁完全粘连。提尔布里斯不惜一切代价想要孩子，
接受了大型手术，割掉一个卵巢和一条输卵管并疏通了另一条。让她
极度失望的是，她仍然未能怀孕。在这种情况下，她决定试试体外受
精。她和丈夫总共尝试了九次，每次都服用了大剂量的普格纳。18 个
月之后，他们变得麻木，疲惫不堪，钱也花光了，但还是没能怀孕，
他们中止了快把人掏空的疗程。多年后，当提尔布里斯被诊断为卵巢
癌时，她非常确定这个病就是受孕药物使她的卵巢"枯萎"的结果。
勇敢地与疾病抗争了五年，提尔布里斯在 1999 年春天去世，抛下了她
的丈夫和两个年幼的养子。

这就给我们提出了一个关键的问题。

为什么流产、多胎妊娠、癌症的可怕风险没有为更多人所知？如
果有人故意加以掩盖，那么这些人是谁？

好吧，医生应该不是这样的人，至少不算故意的。无论是作为病
人还是作为研究者，我接触到的医生（大多数是男性）都让人感觉值
得信任，而且具有奉献精神。他们对自己的高科技手段具有一种富有
感染力的热情。他们中没有一人看起来像是不负责任或贪婪的人。但
现实情况是，想在美国不受辅助生殖技术市场压力的影响，你必须成

118

为一个圣人。如果有个坏人，那就是美国政府，很明显它对于生育行业的管理或监管已经失败了。不同于其他国家的政府，美国政府没有去禁止那些风险大的医学行为，它既没有限制也没有承包治疗费用，而且它也没有将不孕症诊疗的风险广而告之。

以多胞胎生育为例，专家们对此的意见相当一致。用波士顿大学卫生法学系主任乔治·安纳斯教授的话说："应该避免多胚胎妊娠……这是一场可以阻止的灾难。"[22]但是，金钱往往会从中作梗。

情况往往是这样的。一个诊所的妊娠成功率能决定能否吸引来患者，从而这就变成了它的第一要务。于是，层层重压下的医生就要在每轮体外受精疗程中大幅提高植入的胚胎数量，以增加胚胎成功着床的可能性。美国生殖医学会建议每轮体外受精中移植的胚胎数量应该限制在三四个（根据妇女的年龄），但并没相关法律迫使医生遵守这一指南，因此很多人就将规则置于一旁。

个别急于求子的人承受着巨大的经济压力，想要尽快怀孕，这也使得问题雪上加霜。[23]安妮·亚当斯·朗在《纽约时报》上的文章写道，"经过了令人崩溃的四年，还是没能怀上，玛丽安娜·约恩林和她的丈夫克里斯开始求助于高科技生殖技术。这对夫妇都是软件工程师，但仅单次体外受精的费用就高达 1.2 万美元，于是他们只能向克里斯的父母借了其中的一半。回家的时候，他们有了四胞胎，现在已经 19 个月大了。"约恩林夫人对朗说，"一切都取决于那一次。医生给我说成功出生率只有 30%，如果再来一次，上哪儿去弄到钱呀？"

用朗的话说，

　　　　没有保险来支付费用，约恩林夫妇只能尽可能尝试一次就取得成功。五枚健康的胚胎中有四枚被植入了约恩林夫人的子宫。约恩林说道："我们兴冲冲地要植入所有的五个，医生不得不阻止了我们。"

像几乎所有对孩子渴望已久又终于如愿以偿的父母一样，约恩林夫人觉得自己和丈夫"难以置信的幸运"。即便如此，她也承认，"经过所有这一切，我现在想想，如果保险能够支付这个费用，那么移植两枚胚胎会更好一些。"[24]

由于面对着情感及经济上的巨大压力，不孕不育夫妇们往往会强求他们的医生；面对着市场压力，医生们自然也难以推脱这些夫妇。这就是政府需要介入的地方。能够确保医生们"抵挡"住市场压力的唯一办法，就是要设立一套有效的政府监管机制。关于如何做到这一点已经有了一些提议，宾夕法尼亚大学生物伦理学中心的阿瑟·卡普兰建议植入女性子宫的胚胎数量要有法律上的限制，以大幅度降低"超级多胞胎"的可能性，此类限制已经在欧洲的很多国家实施。[25]他还提议建立一个授权机构，来认证辅助生殖医学专家。目前任何医生，不管她或他接受过什么样的训练，都可以充当不育专家而开门营业。按照卡普兰的观点，"这个行业需要自上而下的监管……生殖技术行业是当前最接近荒蛮西部时代的东西了"[26]。

美国政府对于监管这个数十亿美元的行业无动于衷，其原因极为敏感，与围绕着堕胎话题的政治斗争有关。早在80年代，里根政府和布什政府，在宗教右翼势力的鼓动下，"设立并执行了一个事实上的暂行禁令，禁止由政府资助的体外受精研究，因为研究过程有可能会毁掉胚胎"。从而，政府在这方面的研究和监管双双缺失。[27]美国生殖医学会（ASRM）的执行主任本杰明·杨格博士指出："如果能进行研究，我们或许能够找出一些方案，了解如何最好地使用药物，降低风险……研究的不足给这个国家留下了巨大的空白。"[28]

讽刺的是，一个阻止联邦政府资助人类胚胎研究的保守运动，出于"对生命的尊重"，却成功地为妇女和她们未出生的孩子制造了新风险。通过要求政府不作为，守旧人士确保了那些寻求不孕症诊疗的美国妇女能依靠的只有医疗市场脆弱的怜悯心——其结局也就在意料之中。

走投无路的夫妇，特别是资金雄厚的那些，恰逢缺乏监管的市场，这真是干柴遇上了烈火。没有比新兴的卵子捐赠业更能反映这一点了。

近十多年来，自己不能产生卵子的女性（主要是因为年纪大了，但有时也会有其他原因）通过捐赠的卵子尝试受孕。医疗程序与体外受精相同，只是所取卵子的来源是其他女性，即卵子捐赠者，她们通常会因捐赠卵子拿到优厚的回报。

成为一名卵子捐赠者的要求相当繁苛。一名妇女要捐献卵子通常要准备六个星期。首先，她要经受一整套医疗检查以确保她的健康。然后，她要被注射排卵药物以刺激卵巢产出多个卵子。每天都要用超声影像来监察卵子的生长情况，这需要她每天都得去诊所看医生。当卵子可以移植时，捐赠者会被局部麻醉，然后一根针会穿过阴道，刺入卵巢，取走卵子。

80 年代后期，卵子捐赠项目刚开始实施，生育诊所在选择捐赠者时极为谨慎。[29]它们通过一套身体和心理测试来严格甄别候选者，支付的费用也较适当，以免误导其决定，并且将候选捐赠者限制在已经组建家庭的已婚妇女之内。然而，由于实施了诸多限制，供应跟不上需求，等待捐赠者的患者名单很快就积压很长时间了。宝贵时间的流逝让富裕的大龄夫妇们很恼火，为了解决他们的需求，至少有一部分诊所变得更追求效益，开始增加卵子捐献者的酬金，同时还放松了甄别标准。

对卵子的需求汹涌而来，进一步刺激了市场的发展，一种被称为卵子经纪人的新型中介出现了。他们中有些人仅仅是收取高额费用，帮忙找到一个预先筛定、随时待命的卵子捐赠者，从而让不育夫妇不用去排队。而另外一些人，比如罗恩·哈里斯，则提供定制卵子。

1999 年 10 月，时尚摄影师兼"花花公子频道"的电影导演罗恩·哈里斯开设了一个网站（Ronsangels. com），将漂亮时尚模特们的卵子放在网上，待价而沽。每一个页面都展示出一位捐献者的性感照片，连同她的三围尺寸。不育夫妇们若是对某位女性的卵子感兴趣，就可以点开链接，参与网上竞拍。

他们可以选择 462 号模特，那是一个非常漂亮的 22 岁金发碧眼的女郎。她是威汉米娜模特公司的前儿童模特，身材不高，骨感柔美（5 英尺 3 英寸，100 磅），身材完美（三围 34B，24，32）。她卵子的起拍价是 9 万美元。或者也可以选择 55 号模特，一个 32 岁极其艳丽的深褐色头发的白人女子。这位前模特比 462 号更高（5 英尺 8 英寸，139 磅），身材也同样完美（三围 36B，26，32）。[30]55 号比最理想的模特稍微重了一点，年龄也大了一些，所以她的卵子相对来说要便宜，起拍价仅 2 万美元。

在一次访谈中，哈里斯描述了他的新行当是怎么通过美女的魅力来赚钱的。"只要看看电视，你会发现我们只喜欢看到漂亮的人。从网络主播到超级模特，我们的社会对容貌极其看重。如果你没法要一个有你自己遗传基因的孩子，那么你就会想从市场上买到最漂亮的人的卵子。不过，漂亮是要花很多钱的。"[31]

正如我们所见，哈里斯的定制卵子标价极高，起拍价从 2 万美元到 15 万美元不等。模特们会收到最终出价的全款，哈里斯则加收 20% 的佣金。此外，不育夫妇还要支付所有的医疗费用。哈里斯仅仅卖卵子，他不提供医疗服务。从模特捐献者体内提取卵子加上体外受精疗程，还要再花费 1.5 万美元。一对不育夫妇若是走完定制卵子的全套流程，花费一般都要达到 10 万美元。他们从中能得到什么呢？40% 的临床妊娠率（在孕程早期通过血液检测），还有 20% 的出生率，而产下"模特"婴儿的概率更是小很多。人体基因库是如此之大，这些婴儿根本不可能和漂亮妈妈们长得一样好看。

哈里斯开网站的消息刚一传出，就招来了铺天盖地的批评。没有接受医疗训练的人却可以作为高价卵子经纪人在网上开店营业，人们对这种现象格外愤怒。"没有执照，你就不能够经营一家献血中心，但是你居然可以开设卵子经纪公司。"新泽西体外授精中心的生殖内分泌专家安妮特·李恼火地说。

但是哈里斯自有支持者，其中大多数是其他卵子经纪人。"人们采用我们的服务，是因为他们遇到了麻烦，找不到合适的卵子。"达琳·平克顿如此辩解。她今年 47 岁，在圣地亚哥的希尔平克顿法律公司负责经营高端的卵子经纪业务，其特色主打智商而非容貌。平克顿投入重金，出高价吸引卵子提供者。她在常青藤盟校的报纸上打出广告，出价 5 万美元寻求合适的卵子。

1999 年 7 月的《哈佛克里姆森报》高调播报"寻求卵子的广告吸引了将近 30 个哈佛的申请人"。据报纸文章报道，这一吸人眼球的广告在为一对不育夫妇寻求卵子捐赠者，而 5 万美元的出价吸引了 28 名哈佛学生前来报名。

刊载在《哈佛克里姆森报》《斯坦福日报》和其他五份大学报纸上的广告，涉及金额之巨大以及要求之特殊令世人瞠目结舌，同时也引发了伦理上的担忧。这对夫妇要求寻找一位"聪明的、健壮的女性，身高至少 5 英尺 10 英寸，SAT 分数至少达到 1400"。

据说，总共大约 90 个合格的候选人完成了申请。作为这对夫妇的律师，达琳·平克顿说她收到了超过三百份关于广告的初步咨询，不过当咨询者获悉所需的医疗流程如此复杂之后，人数就少了很多。

"我们解释了整个卵子提取流程，"在 1999 年的夏天，平克顿对《哈佛克里姆森报》说道，"卵子捐赠者要服用激素来刺激卵子的产生，然后接受一个小手术来取出卵子。正是这一点让人数大为减少。"平克顿接着说，她对响应人数之多感到惊讶，这一对夫妇之前的广告承诺了"一大笔经济奖励"，但没标出具体数字，就没有吸引来这么多人的兴趣。

巴里·贝尔博士是斯坦福医院体外受精实验室的主任。针对那些相信常青藤盟校学生提供的优质卵子能够产生天才儿童的夫妇，他提出了警告。他说："认为可以买到聪明，这既幼稚又无知。这只能反映你孤注一掷也要得到一个理想的孩子。殊不知有多少教授的孩子不能够成为教授？又有多少孩子无法延续父母的辉煌？"[32]

在这个有着卵子经纪人和高额资金的奇怪新世界里，似乎有件事也就可想而知了：各种各样不合格的捐赠者在滥竽充数。哥伦比亚大学妇女生殖保健中心主任马克·索尔博士回忆："一个年轻的、未曾怀孕的未婚妇女接受卵巢过度刺激和取卵手术，这个念头在十年前想都不敢想。这些有创医术的风险远大于捐赠者所能得到的好处，没有一家伦理委员会会批准这样的方案。"索尔甚至谴责他的同行"为需要卵子的父母们拉皮条"[33]。

卵子捐赠者所面对的最大风险是卵巢过度刺激综合征，这是一种超数排卵的并发症，会引起胸腔和腹腔内的积液，并会导致肾衰竭甚至死亡。捐赠者同时还面临着其他一些没那么严重的风险，包括卵巢感染、阴道撕裂，并有可能增加罹患卵巢癌的风险。美国国家卫生研究院的弗洛伦丝·哈兹尔廷博士就是一位直言不讳的批评者："没有任何理由能让年轻女孩服用药物来捐献卵子。我们怎么可能知道她们的生育能力不会受损？我们怎么可能知道她们不会过早地进入绝经期？毕竟，我们用针刺入了她们卵巢呀！"[34]

艾米丽是一名研究生，她在1998年捐献了卵子，现在她开始反思这些问题。她说："我多少有点被诱导地去相信，这是一个风险非常低的手术。即便有轻微的不良反应，也是一万个女性中才发生一例。"[35]但是，激素过度刺激了艾米丽的卵巢，她排出了超过五十枚的卵子，最后因卵巢过度刺激综合征住进了医院。回家以后，好几个星期她都迈不上台阶。

事后证明，艾米丽的医生如此刺激她的卵巢自有其动机。他们所在的诊所出台了一套风险分担计划，意味着病人只要一次性付款就可以多次尝试体外受精手术，多到成功妊娠为止。这对医生来说，只要体外受精成功他们就赚了。于是，他们有很大的动机去大幅增加排卵数量，以备提取和移植。

尽管有这样令人不安的事件，但对于卵子捐赠的是非争论仍然没有定论。在美国，一个不加管束的市场越来越有能力向愿意花钱的夫妇提供卵子，甚至提供"美丽的""聪明的"卵子！其负面影响至少会将一部分捐赠者置于危险之中。在欧洲，市场受到严格监管，捐赠者不得收取报酬，结果就是几乎找不到捐赠者。[36]离开大额资金，就吸引不来这么多捐赠人，不育夫妇们估计要等3—5年才能找到卵子捐赠者。而且，因为严格的操作准则规定了谁才够资格获得这些珍贵的卵子，所以很多人甚至都排不上等待名单。还有一些国家，尤其是加拿大和以色列，甚至规定了即便使用志愿者捐赠的卵子都是非法的。

卡迈勒·阿费加博士是伦敦克伦威尔医院体外受精生殖中心负责人，他支持对于卵子市场的监管。他说："卵子捐赠者的安全必须放在其他事项之前优先考虑，哪怕捐赠者匮缺。"[37]不过，这是一个很难判定的道德范畴。谁的利益更为重要？渴望能有个孩子的大龄妇女，还是被卵子捐献危及健康的年轻女性？进一步把水搅浑的情况是很多年轻女性想铤而走险，因为她们迫切地需要钱，通常是为了偿还大学债务。

先将这些道德上的考量放在一边，这种新型的卵子交易市场对年龄相关的生育问题有何助益呢？卵子捐赠能不能解决大龄妇女，或者至少是有钱的大龄妇女的生育问题呢？答案往往是否定的。

先说好的方面：捐赠卵子能起作用。对超过40岁的女人来说，采用捐赠卵子的怀孕率和产子率都会比常规的体外受精疗程要高很多。以出生来衡量的成功率在20%—25%上下，是这个年龄层次的常规体外受精疗程成功率的五倍。问题是，捐赠卵子会导致从金钱到宗教各方面的难解之局。

首先，价格令人望而生畏。即便一对夫妇不通过卵子经纪人，在生育诊所里耐心排队，捐赠卵子加上单轮体外受精疗程的花费，还是有可能要 1.5 万—2 万美元。

第二，情感上令人纠结难解。很多女人渴望有自己的孩子，对她们来说，决定用上另外一个女人的卵子通常是最后手段，是没有办法的办法。用一位医学从业者的话说，"很多夫妇是在经历了极大痛苦，想通了一堆难题之后才同意尝试捐赠卵子的。事实上没有遗传关系会怎样影响妈妈和孩子的关系？父母要不要向爷爷奶奶挑明孩子不同寻常的来历？朋友们要不要知道？孩子自己呢？什么时候说最合适？"

第三，在准入方面还存在着很多实质性问题。许多大龄妇女会发现自己由于年龄问题被拒之门外。大多数诊所的卵子捐赠项目设有年龄上限，仅比常规体外受精项目稍微高了一点。举个例子，在康奈尔医院，常规体外受精的年龄上限是 44 岁，而卵子捐赠项目的上限是 46 岁。如果一个女人已经穷尽了其他可能，把卵子捐赠作为最终手段的话，那么这两年的窗口期给她的时间其实很短。如果她付不起卵子经纪人的费用，必须排队等候的话，这个情况尤其严峻。以康奈尔医院为例，夫妻们通常要花十二个月来等待卵子捐赠。

康奈尔医院设定的年龄上限，在这个行业里似乎相当有代表性。纽约大学医疗中心有完全一样的年龄限定，在新泽西州利文斯顿的圣巴拿巴医疗中心和洛杉矶的南加州大学生殖集团，女性的年龄限定仅多了一年。在纽约城区，只有哥伦比亚长老会医院允许超过 50 岁的女性报名申请它的卵子捐赠项目。

隐藏在这些严格的年龄限制背后的是一系列令人不安的医疗现实。率先实施绝经期后怀孕项目的南加州大学团队（63 岁的阿奇里·葛就是这个项目的病人），报告说 50—59 岁怀孕妇女中产科并发症的发生概率高得令人吃惊。一项南加州大学的研究跟踪了 52 名妇女，她们中

36 名怀孕，17 名产子。研究发现了高血压、先兆子痫、妊娠期糖尿病、流产以及多胎出生的发生率很高。[38]

这是一个快速发展的领域，很多医疗突破胜利在望。但是，没有一个新科技有可能从根本上改变 40 多岁的女人们面临的处境。用马克·索尔博士的话说，在可以预见的未来内，这个领域的常态仍是"失败更加普遍"。[39]越来越多的业内专家建议想要孩子的妇女们不要等得太久。2001 年 9 月，美国生殖医学会（ASRM）开展宣传活动，发布了一个大胆新鲜的广告，这些广告打在全国各个城市的巴士上。标题是"年龄增长会降低你的生育能力"，图像是一个形状像沙漏的倒置的奶瓶。"这有点像是发出警告，"生殖医学会主席迈克尔·索莱斯博士说道，"我们有责任让人民知道。"[40]

不是每个人都乐于看见这些广告，金·甘迪就在其中。甘迪是美国妇女组织的主席，她认为广告给妇女增加了不必要的压力。不过，甘迪眼中不受欢迎的压力，却是另一些人眼中能够帮助女性如愿以偿的必备知识。泽夫·罗森瓦克斯博士的话说得最清晰明白："如果你年轻的时候可以尝试怀孕生子，那你就应该去试一下。你可以更容易更早地怀上孩子，怀孕状况也会更加健康，因为流产或者染色体异常的可能性会更低。你可以想要几个孩子就要几个孩子。"[41]

在结束这一章之前，我想从恰当的角度来讨论一下推迟生育这个当代才出现的问题。要孩子，或是不要，这始终都是女性一生中的重大难题。事实上从古至今，不孕不育都如同诅咒一般可怕。但有时候，生育却变成了更可怕的诅咒。

《圣经》里描述了很多大龄女性膝下无子，苦苦哀求上帝赐下一个孩子。萨拉、利百加、拉结、伊丽莎白和哈拿都是不妊之妇，都因无法生育而深感痛苦。"哈拿心里愁苦，就痛痛哭泣，祈祷耶和华。许愿说：'万军之耶和华啊，你若垂顾婢女的苦情，眷念不忘婢女，赐我一个儿子，我必使他终身归与耶和华，不用剃头刀剃他的头。'"

（译注：摘自《和合本圣经》）

《圣经》中的女人们都甘愿为能够得子而穷其所能，有些女人甚至会鼓励丈夫去使女奴隶或者女仆怀孕。

> 拉结见自己不给雅各生子，就嫉妒她姐姐，对雅各说："你给我孩子、不然我就死了！"雅各向拉结生气，说："叫你不生育的是神，我岂能代替他做主呢？"拉结说："有我的使女辟拉在这里，你可以与她同房，使她生子在我膝下，我便因她也得孩子。"[42]（译注：摘自《和合本圣经》）

但是，如果不育是种折磨，那么生育也会成为更大的负担。无论一个女人是多么想要孩子，孩子的出生都可能给她带来实实在在的伤害，甚至是死亡。在 19 世纪医学进步，尤其在 1867 年爱华德·李斯特关于消毒法的重大发现之前，生孩子对于女人就是"没完没了的肉体撕裂、鲜血和疼痛"[43]。

在前现代化时期，每个女人要经受八次妊娠，其中只有六次活胎出生，还有 10% 的可能性会死在分娩过程中（15—50 岁的女性死亡原因中，有四分之一是由分娩所致）。在那些幸运活下来的人里面，有很多在产痛和分娩中被折腾得终生残疾。最糟糕的是，千辛万苦才生下来的孩子中的很大一部分会死亡。直到 19 世纪初，每个女性都有心理准备，她的孩子中至少有两个将在五岁之前夭折。

加拿大历史学家爱德华·肖特参阅了信件、日记和其他的历史档案，写出了杰出著作《女性的身体》。此书综合描述了在前现代化时代的欧洲和北美，分娩对于女性来说意味着什么。[44]

在当时，一般的分娩会长达 50 个小时，耗时冗长，艰苦难言。根本原因通常是产妇的骨盆过小（由于佝偻病或营养不良），这就必须让胎儿的头要奋力穿过一个狭窄得不可能穿过的产道。而村民们纷纷热情协助，让这些拖沓的分娩变成了公共事件。朋友或邻居会试图摇晃产妇或让她倒立，从而把胎儿挤出来。不同的文化会用不同的方法处理这种问题。在法国，产妇会被倒着绑在梯子上。在爱尔兰，一旦分娩拖延太久，两三个大汉就会在产床上拼命地来回摇晃那个不幸的女人。在芬兰，人们鼓励产妇从4—10英尺的高度跳下来迫使胎儿产出。人们能够想象到，这种暴力的干预措施带来的是"子宫破裂、产道撕裂和大出血"[45]。

　　如果这些摇晃和蹦跳都不能奏效，接下来会是当地的接生婆抓住胎儿身上能抓住的任何部位，然后把胎儿拽出来。如果孩子的胳膊是先露部位（横向位），拉扯的后果就会尤其糟糕。今天，横向位会用剖腹产的方法解决，即使在18世纪，一位学识广博的医生也会将胎儿的胳膊推回子宫，寄希望于胎位会自己调整正确（的确存在着很小的成功概率）。但是，对于一个前现代化时期的欧洲乡村接生婆，标准的做法就是去拼命地拉胳膊，希望就此把胎儿拉出来，这是个从解剖学来看不可能完成的任务。或者，她还可能截掉胳膊，看看接下来是否会发生奇迹。但是拉扯和截肢都不会有用，只会增加产妇的痛苦，不幸的结局总是那样：胎儿的躯体留在母亲体内，分娩不出的妈妈在无法言说的痛苦中死去。

　　用肖特的话说，在19世纪之前的欧洲和北美，乡村接生婆经常会造成很糟糕的后果。她们总是在产妇的产道、胎儿的头部和胎盘等地方拉拉扯扯，"她们迷信于一个民间观点：插手越多，水平越高"。接生婆赶到现场，第一件事往往就是"破水"——用脏指甲或尖锐的器具刺破羊膜囊。在20世纪20年代，一个老年的瑞士接生婆骄傲地向来访的医生展示她的顶针，她用上面带着的锯齿刺破羊水。直到40年代，瑞士瓦莱州的接生婆还在用鹅脂来润滑她们的手和产妇的阴道。

　　所有这些干预都极大地增加了感染的可能性，难怪当时的产妇普遍焦虑于产后败血症，这是"产褥热"的现代名称。据肖特说，直到

19 世纪，每 20 个产妇里就有一个会出现可能致命的感染。

　　但是，即便产妇安全地通过了分娩，她仍然没有逃离危险。如果她经历过残酷冗长的分娩，那么她极有可能会留下终身残疾。肖特描述了各种不同的"瘘管"（阴道和邻近器官间的漏孔）是如何令妇女后半辈子大小便失禁的。J. F. 迪芬巴赫是 19 世纪 30 年代的外科医生，据他说：

> 　　几乎没有比女性遭受瘘管折磨更悲惨的事情了。在这种情况下，即便她自己也会感到恶心；即便她的丈夫再爱她，也会心生厌恶。阴唇、会阴、臀部和大腿小腿的下部始终都是湿的。换上新衣服也无济于事，因为干爽的内衣很快就会被浸湿，贴在她们身上，走起路来拍打着她们潮湿的大腿。她们的湿鞋子里发出液体晃荡的声音，似乎她们在涉水蹚过沼泽地。

躺在床上也不能让她们舒服，因为再好的休息场所，再好的一张床或是一个马鬃垫，都会很快被尿液浸透，发出难以忍受的恶臭。即使最有钱的人也被迫终身使用稻草垫，稻草必须每天都更换。[46]

　　到了 19 世纪中叶，瘘管可以被外科手术治愈，但女性的残疾问题并没有得到完全解决。产钳开始变得流行，训练不足的医生对产钳的广泛使用和滥用导致了更多的生殖器官撕裂。根据一些学者所说，实际上在 19 世纪后半叶，某些类型的妇产伤还增多了。W. J. 辛克莱博士在一次英国医学会年会上的讲话中严厉地批评了医生们。他说，产钳助产术已经成为"医学实践中最血腥的手术"，因为医生们太过于急迫地将产儿取出。"一个年轻产妇在阵痛开始四到六小时后，她的首次分娩就被产钳搞定了，那么她罹患子宫脱位和宫颈或会阴撕裂就绝对不是小概率事件。"辛克莱估计产钳助产导致的产妇受伤在某些医院高达 85%。[47]

对穷苦女人来说，会阴撕裂伤一般不会被修复。若是撕裂延伸到肛门，那么女性就会终生蒙受大便失禁之苦。在 20 世纪 20 年代，活动家玛丽亚·斯托普斯医生在她的伦敦诊所目睹了数以千计的工人阶级女性的遭遇，她被医生们漠不关心的高傲态度激怒了。她说："在一场严重而痛苦的分娩之后，他们就径直离开，留下宫颈撕裂和会阴撕裂的产妇不管。他们通常不愿试着去做个手术来弥合一下这些伤口。"斯托普斯讲述了女性病人在拙劣的分娩手术 20 年之后，仍在遭受着盆腔和背部疼痛的不停折磨。[48]

如果说无知的接生婆和冷漠的医生造成了无谓的痛苦，那么一贯歧视妇女的宗教习俗也是一丘之貉。几百年以来，在前现代化的法国和德国，天主教教士们都拒绝在教堂墓地里安葬死于分娩的妇女。相反，这样的女人要和自杀者一样，被埋葬在教堂墓地以外的地方。根据天主教教义，血液和分娩过程中排出物（恶露）都被认为是非常之"亵渎"，而且每一位新晋母亲都要去教堂接受正式的"教导"——一种在满月时进行的仪式——然后才能重新被纳入宗教社群。[49]由此，一个死于分娩的女人是没有资格配享圣礼的，在她弥留之际也得不到任何宗教上的安抚和慰藉。

当第一次读《女性的身体》时，我充满了愤怒。我对乡村接生婆感到愤怒，她们让产妇们感染疾病，无端受此劫难。我对禁欲主义的传教士们感到愤怒，他们执意于惩罚女性的肉欲之罪，拒绝安抚并埋葬垂死的产妇。我甚至还对传统上的廉耻和假道学感到愤怒，正是这些说辞阻止了女性去求医问药，医治可怕的创伤。饱受万般劫难的产妇们正是我最好的写作素材。然而，当我的怒火稍减，我找到了一个更加微妙、更不易察觉的视角来观察女性的生育。

我发现自己更加透彻地意识到，生儿育女彻底地束缚了女性的生活。难怪，前现代化时代的女性在家庭外的世界里获得的成就如此之少！小便失禁的你在掩埋两岁的孩子之后，苟延残喘地活下去，这本身就是一个艰巨的挑战了。如果一个女人生了很多孩子，那么根本就用不着父权社会来压迫她了！

最近我发现，作为一名女性，我非常感激在当今时代、在这个国家拥有的优渥权利。在 21 世纪开始之时，美国女性对自己的生育有了很大的控制权。如果她们决定要孩子，她们完全可以期待产下一个健康宝宝；而且她们会把分娩当作一段没有风险，甚至是令人愉快的经历。这样的自由降临人间才不过 30 年。

我还发现自己最近很是担心，女性是否在挥霍她们新到手的自由。如果女性不再惧怕生育难题，那么她们一定要尊重它。女性生育窗口期依旧格外的短。正如我们在此章中所揭示的，如果女性想要能够享有无风险的孕期和快乐的分娩，那么她依然需要选择合适的时候怀孕生子。要记住：我们的祖辈女性为此不惜一切代价。

第二部分　解决方案

第六章　时间危机

2001 年 2 月，我和八位职场年轻人举行了一个非正式的小组座谈，他们在马萨诸塞州剑桥市的三家公司里工作，其中一家是因特网咨询公司，一家是风险投资公司，还有一家是广告公司。座谈会的地点设在"全球 IT 战略"的办公室，这里是其中三个人的工作地点。这家小公司就在麻省理工学院那条路上，优质客户的数量增长迅速，吸引了不少波士顿地区的精英。一走进这个地方，我就觉得进入了"捕食者"的领地。

不出所料，"全球 IT 战略"的办公室既前卫又时尚：冬日的阳光照在未加装饰的白色墙壁上，低调的山毛榉办公桌，琥珀色和黄绿色的椅子。没有笨重的家具和粗毛地毯，整个场所充满年轻的活力。

整个上午，我都与这六位女士和两位男士待在会议室里，他们的年龄都在 26 岁到 34 岁之间。他们魅力十足，聪明敏锐，不惧权威，来自世界各地——波士顿、澳大利亚、英格兰、加利福尼亚和得克萨斯。他们都从事要求高、节奏快的工作，其中一人已婚，一人与配偶同居，其他人单身。他们都没有孩子，尽管其中五位女士恨不得马上就能要上孩子。

讨论的大部分内容围绕着时间问题，或者说时间匮乏的问题。整个谈话都没离开这个话题：

珍妮弗：我的工作简直要把我生吞活剥了。我是说，这份工作很刺激、很有挑战性，我喜欢在这个公司工作，但时间上的要求太吓人了。

我在剑桥市工作的时候，情况还不算糟。早上 8:30 上班，晚上 7:30 下班。而现在，每天晚上我都要查收两次邮件，但每周的工作时间依然很长，差不多要 58 个小时。我只要去项目点见客户，下班时间就没谱了。而一年有三分之二，我每周都要在外奔波四天，所以生活中的相当一部分就被占了。

出差在外时，通常我的安排如下：从早 8 点到晚 7 点，我在客户的办公室里工作；晚餐时参加一个团队会议，协调整合，制订计划；接下来，大概晚上 9:30 左右，我回到宾馆房间，查收电子邮件，看看还有什么要做的。

保拉：不要忘了语音邮件。我们在办公室电话和手机上设有语音邮箱，每天都要查收。电子邮件和语音邮件之外，每天晚上还需要检查另外三项工作。于是，到了晚上 10 点，你还要在宾馆房间里回答笔记本电脑上的客户提问。

安娜贝尔：还有，我的新任男友回波士顿了，来电话的时候都快气炸了，因为他一晚上都没打通。你向他解释，这两个多小时都在和同事聚餐（是的，是有一些男同事），刚刚才结束；你听起来是有点醉意（是的，的确喝了点酒），但却必须回去工作；对了，周五你会回去，但这周末没有多少时间，因为你周日晚上要去阿尔伯克基出差四天（是的，出公差）。

蕾切尔：男朋友可不好找。上个月，我去约会。临别时，他问我："什么时候能见到你？下周可以吗？"我说："抱歉，下周我要出差去做新账。"他又问："那下下周哪？"我说："你可能没法相信，但我必须到跟前才能知道我的行程安排，我现在没法做任何计划。"听我这样说，他无奈地摊开手，语气中带着恼火："你说你这样，我们之间怎么可能有戏呢？"

丹：谈恋爱真的好难。一年前，我和女友搬到一起住，我们是真想好好过日子。但每个月，我都有两周不在国内。我们公司在东欧的业务很好，这就意味着我每个月的出差时间都很久，不是去布拉格就是去华沙。她就显得很孤单。其实，不出差的时候，我们也不能总在一起。她做房地产，工作时间也很长。不过，我们至少可以一起吃晚饭，只有晚上 9 点到 10 点半的这段宝贵时光，我们可以一起度过。

纳塔莉：你知道的，我真的很热爱我的工作。它要求苛刻、让人心力交瘁，但也很令人兴奋。你可以接触到形形色色的客户，还能碰到各种各样的问题。在我看来，专注于复杂的、多层面的问题并去解决它，这种体验再好不过了。

但是我不知道，长此以往，我能否在这个行业中坚持下去。这是我工作过的第三个咨询公司了，我遇到了一位年长的资深女性，她的生活正是我原来想要的。

蕾切尔（显然很吃惊）：你的意思是？

纳塔莉：在咨询公司里，我见到一些雄心勃勃、努力上进的女性，但她们要么单身要么离婚，看起来很孤独。我还见到有寥寥几个在职的妈妈，她们试着减少工作时间，只上一半或三分之二的班，这样她们就可以照看孩子。但是，她们拿不到好的项目，没有奖金，背后也总有人说她们的闲话，说什么如果她不能按客户的时间来工作，那这个行业就不该有她的份。诸如此类的闲言碎语，你懂的。

索尼娅：我也听到了类似的议论，说实话吓到我了。我刚刚 28 岁，刚结婚一年。我害怕要孩子。对我来说，要孩子就等同于别人不再把你当回事，从此就别再想做一等公民了。

安娜贝尔：别的地方不是这样的。我在欧洲的公司工作过，在那里，选择缩短工时的员工不会被边缘化。我是说，她们能够参与重要的项目，而且很受尊敬。但在美国，情况就不一样了，"核心团队"只要那些夜里 11 点还没下班的人。但是，有孩子的女性怎么可能经常加班到 11 点呢？

索尼娅：在我的上一份工作中，工作时长较短的人员饱受责难，以至于我常常在想，倒不如让她们出门的时候，胸前绣上红字。

我认为，工时长短和工作表现或效率没有太大关系。我想不明白，为什么广告公司的职员不可以用一半的时间去接待一半的客户。在我看来，归根结底还是态度和思维定式的问题。

同事们就是嫉妒而已。广告这个行业是不给人空闲的，因此，任何人有点空闲都会被看作是逃避职责而遭到嫉恨：如果你每周上班时间只有三分之二或五分之四，你会招来不少说辞，受到某种形式的惩罚。解决这件事的唯一办法，就是让每个人的情况都能改善。我的意思是，为什么每个人都要一周工作七十个小时呢？

杰夫：我支持这一点。有人觉得，在工作以外还能享受生活的人只有那些带孩子的女性，这种想法让我特别生气。如果一个男人除了睡觉以外都必须工作，那么怎么可能和这样的人过日子呢？

蕾切尔：有道理。不过依我看，你们男人至少没有生物钟的问题，你们可以选择等到晚一些功成名就之时再要孩子。

我曾经批评过那些早早就结婚生子的女人，认为她们大错特错，没什么见识和成就，生活过得紧巴巴的还要养育孩子。但现在，我觉得她们或许早已悟透了，她们至少已经有孩子了。

想想以后，我都不知道怎么做才好。我现在 29 岁，需要回学校去读个工商管理硕士。然后，我的事业会进入更高一个层次。但我还想在这段时间里结婚生子。该怎么协调好这些目标呢？我一点招也没有。

第六章　时间危机

珍妮弗：我的一部分问题在于，我的家庭就像绘本里面那样完美。妈妈既要打理漂亮的家又要照顾爸爸，她还要检查我的历史试卷，周六早上 7 点还送我去游泳队训练。我曾经计算过：妈妈每周要花 17 个小时来送我去参加各种活动。如果我有了家庭，我就要面对这些不可思议的任务了。

保拉：时间是个大问题。你怎么都绕不开它。期望总是很高。我们的职业需要充沛的精力，占据了我们生活的中心。但是，我们也想有一段情真意挚的恋爱，找一个实实在在的人，而谈恋爱肯定是要花时间的。接下来，我们还想要一两个孩子，而且我们很想和孩子一起度过各种美好时光。

但是，从我的情况来看，这三件事似乎不可能全部完成，它们互相冲突，至少不能同步进行。[1]

如何充分利用和掌控时间，对此焦虑的人远远不限于这间小小的会议室。我们在"高成就女性，2001"调查中发现，在很多领域和职业中，女性的工作时间都很长，而且越来越长。29% 的高成就女性和 34% 的超高成就女性每周工作时间超过了 50 个小时，她们中相当一部分比五年前每周多工作了 10—20 个小时。不论是洗收衣物，还是送孩子参加少年棒球联盟的训练，她们都得不到配偶或伴侣的帮助，只有很小一部分丈夫（3%—12%）会承担照顾家庭和孩子的主要责任。

这些高成就女性往往指望着能在工作单位轻松一点，至少有些人正在尝试。45 岁的芭芭拉是波士顿律师事务所的兼职合伙人。[2]她每周工作四天，她对这一安排非常满意：

谢天谢地，我能够在一家开明的公司当合伙人，让我有机会证明，从长远来看，我是能够在缩减的工作时间内完成工作的。我已经产生了业绩！我的客户也很满意，而且我还招揽到了新的业务。

　　我的薪水显然比我做全职要低一些，可对我来说，这很好取舍。我有两个孩子，分别是 9 岁和 12 岁。于是我把周五变成了神奇的一天，把这一天留给了自己，并且和孩子们做一些特别的事儿。当然，我还是到哪儿都带着黑莓手机，和办公室保持联系。但在上周五，索菲亚放学后和我一起种植出了一个花园；而这周五，我要带乔纳森去科学博物馆。

　　"高成就女性，2001" 里提到，一些雇主确实提供了大幅度的工时缩减制度：其中 12% 提供停薪留职假，31% 提供工作分担。然而，更多的雇主只提供弹性工作制：69% 允许错时上下班，48% 允许选择在家办公。对时间紧张的高成就女性来说，这些小幅度的福利似乎作用有限。

　　乔安娜，39 岁，她在过去五年一直在芝加哥的一家猎头公司当业务经理。她一直认为她的公司有很棒的工作和生活保障政策，直到她领养了一个孩子：

　　　　我不想让自己听起来忘恩负义，因为这个公司确实提供了很多福利——弹性工作制，远程办公，紧急儿童看护和家政服务——但是，这些加起来还是不够。在我看来，这些只是杯水车薪。

　　　　让我在夜里辗转反侧的问题主要在于工作时长，我期望能短一点。我每年工作 50 个星期，每星期工作 60 个小时，几乎留不下时间来做别的事情。如果宝宝睡觉前我连工作都做不完，那我与她的关系怎么可能亲密呢？在家办公和紧急儿童看护都不能为我提供亲子时间。

　　　　我渴望的是一份工时减少方案，原工作时间的五分之三就挺

好。我知道经济收入上并不合适，我也做好减薪水的准备了，但就是不行。我问了老板，他说公司不想开这个先例。我差点跟他说"也许这是个值得开的先例"。但我终究还是没说。上个月我去了就业市场，这事我还不想让我的同事知道。我去那儿想找份兼职工作，或者是轮班的工作。到目前为止，我已经找到两份零工。再说吧。

在"高成就女性，2001"的随访中，在职妈妈们都很明确地表示：常规的配套福利仅限于弹性工作制、在家办公和托儿补助之类，并不足以限制工时。这些女性说，长时间工作的传统让人难以忍受，以至于小打小闹的改变解决不了什么问题，至少对想要成家的人来说是这样。所谓"正常"工时数是每周 50—60 个小时，所谓"正常"的假期是每年 11 天。在这样的情况下，周一早上晚一会儿去公司，周五上午在家办公，或者把宝宝带到公司的托儿所，这些做法都无济于事。高成就女性很在意经营夫妻关系和亲子关系，但这需要实实在在的帮助，而不是靠上了 13 个小时班后还剩下多少精力。

在工作和生活之间保持平衡，那么每周工作 55 个小时意味着什么呢？假设午餐用 1 小时，通勤 45 分钟（全国平均值），这样一天的工作时间就快接近 13 个小时了：早上 7:30 到晚上 8:15，或早上 8:30 到晚上 9:15。即便没有"临时情况"（出差，约客户吃饭，早餐会等），在这样的工作日程下，职员已经无法发展自己的恋情了，也不可能成为"合格的"父母。一个 5 岁或 8 岁孩子的母亲，每周要工作 55 个小时，是不可能按时回家和孩子一块儿吃饭的。经过拼命争取，她才有机会赶回家，给孩子读睡前故事，亲吻孩子说声晚安。参加调查的在职妈妈们说得很明白，她们最想要的工作生活保障政策是埃米口中的"时间礼物"。

41 岁的埃米是得克萨斯州奥斯丁市一家 IBM 经销商的市场主管，

她的儿子凯文刚满 3 岁。埃米刚刚重返职场：

> 我跟别人说我们公司允许三年的留岗离职假，大家都不信。有的同事利用这个假期来照顾孩子或老人，有人则重返校园。现在这个假是不带薪的，所以你的配偶必须要有工作，但我们公司还提供一些福利，以及回来工作的保障。
>
> 能够拥有这段假期，我真是无法表达自己的感激之情。因为不好怀孕，我们花了五年时间才有了凯文，他很可能是我们唯一的孩子，所以我特别渴望能陪他共度婴儿时期。我母乳喂养他，直到他 18 个月大。我们参加了"一起玩音乐"亲子课，还和邻居们交上了朋友。最重要的是，我不用把自己弄得分裂。我认识好多新晋妈妈，她们过早地回去工作，方方面面的事情让她们疲于奔命。
>
> 这三年的休假让我和凯文建立了坚实的情感纽带，让我觉得出现任何困难，我们都能够应对。我永远感激 IBM 公司给予我的馈赠。

芭芭拉、乔安娜和埃米以及其他所有参与"高成就女性，2001"调查的女性，被要求构想一套能帮她们获得持久生活平衡的福利政策。绝大多数人都赞成下列这些工作和生活保障政策。这些政策会保障她们在常规的职业路径上，来去能够更轻松自如。（注：数字代表高成就职业女性；括号里的数字代表目前离职的高潜能女性；定义见第二章。）

带薪产假银行

88%（86%）的调查对象赞成创建一个假期银行，内含三个月的带薪假，在孩子 18 岁之前父母可以任意支取。

重新调整的退休计划

87%（91%）的调查对象愿意调整退休计划，这样就能消除事业中断的不利影响。

留职停薪

85%（87%）的调查对象愿意选择正式的"离职长假"，这是一种最长可达三年的停薪留职假。

缩短工作时间的职业

85%（91%）的调查对象希望能出现兼职的高层职务，这些职务不仅允许长期的减少工时和低工作量，而且也能拥有升职机会。

分门别类的兼职工作清单

85%（90%）的调查对象希望报纸、商业刊物和网站能分门别类地列出兼职或弹性工作制的职位。

重返职场者的税收减免

81%（88%）的调查对象希望，帮助员工在重返职场前恢复状态的培训项目能得到税收减免或者补贴。

前员工待遇

74%（79%）的调查对象赞成为前雇员创建"前员工待遇"。如果离职员工能够继续提供某些实用的建议和指导，公司就会继续付给他们报酬和费用，这样他们就能保持职业地位。与活跃退休类似，"前员工待遇"能帮助离职的职业女性待在"圈内"。

这份愿望清单告诉我们什么呢？

无论28岁还是55岁，无论在职还是在家，高成就女性都明白，她们为更平衡的生活努力打拼，而核心问题是时间越来越不够用。她们希望雇主和政府能更有成效地制定工作和生活保障政策，以提供"时间礼物"。她们中有很大比例（八或九比一）希望得到理想的带薪或者不带薪假期，以及可选的兼职职业。她们还期望制度上的改变，包括调整职业发布方式和津贴方案改革。

这就给我们带来一个关键问题：这个愿望清单实现的可能性到底有多大？

有没有公司尝试制定女性需要的政策？如果没有，什么能促使它们去做？在回答这些问题之前，我们需要退后一步，稍稍回顾一下历史：

时间方面的窘境已经困扰我们十多年了。在90年代，朱丽叶·朔尔的《过度工作的美国人》和阿莉·霍克希尔德的《时间枷锁》等书提出，不管是按周算还是按年算，美国人的工作时间都要比"二战"后的任何时候长。[3]后续研究验证了这一论断。[4]工作总周数看上去没有大幅度延长，但工作时长的差别日益明显，长时间工作的人群大量增加（一周工作多于50个小时），同时短时工作的人群也有大幅度增加（每周少于30个小时）。[5]这两个背道而驰的趋势与教育程度和职业有关。工时缩短属于典型的对学历要求不高的工作，在就业市场上往往处于最低端。而作为本书关注的重点，工时延长基本上都是需要大学文凭的管理型工作，在就业市场上往往属于高端。根据"高成就女性，2001"披露的数据，有一些更引人注目的变化趋势与女性相关。实际上，据社会学家杰丽·雅各布斯和凯瑟琳·格尔森说："在美国，每周工时超过50小时的妇女比例，比世界上任何其他国家都要高。"[6]

为什么有这么多的职业男女被迫将越来越多的时间投入工作？下面几个结构上和文化上的因素，直接导致了美国人的工作时间不断增加。

在大部分企业里，高层管理人员的压力巨大，他们把尽可能多的

时间投入工作之中。这是因为高层次工作者不会带来边际成本。造成这一点的原因要追溯到 1938 年国会通过的《公平劳动标准法案》，该立法使每周 40 小时的工作时间制度化，并要求雇主应为额外劳动给付加班费。但是，其中一项条款将管理人员和专职人员排除在外，这在 1938 年不太可能造成大问题，因为当时只有 15% 的员工在豁免之列，而且他们的太太绝大多数都不工作。但到了 2001 年，问题就大了，接近 30% 的雇员属于豁免员工，其中很多人有了孩子，而且夫妻双方都要工作。

现实情况是，一旦经理和专职人员没有资格获得加班带来的额外报酬，劳动的边际成本就会降为零，这一点无疑助长了工时延长。在这种情况下，雇主会有强烈的动机去尽可能地挤占职员的时间，因为这样可以减少单位劳动成本。职员们也只得任由其摆布，因为雇主把"工作时间量"作为提升和加薪的依据。

福利项目的多少和构成也是造成工时越来越长的原因。用于支付健康保险和养老金之类福利的费用近年来不断递增，已占员工总薪酬的 25%。不管雇员的工时长短，一个全职雇员的福利费用中大多数是定额的，所以职员花在工作上的小时数越多，真正平均到每个小时的费用就会越少。因此，又一个强烈的动机驱使着雇主尽其所能地延长职员的工时。[7]

很明显，雇主对雇员时间的压榨是有限制的。一旦过了某个点，职员就会拒绝长达 50—60 个工时的工作，其中需要照看家庭的女职员可能性最大。她们要么干脆辞职，要么去别的公司寻找工作和生活之间的更多选择。当劳动力市场供不应求，熟练员工可以在多个工作机会中挑挑拣拣时，这类"职员逃逸"就会更多地发生。这样就给雇主们带来了麻烦。由于人事变动会带来刚性成本，所以对公司来说，职员逃逸的代价相当大。

实际上，丢失熟练员工的代价极其巨大。寻找替代者会产生一些

创造生活

直接成本——广告费、猎头费、挑选及面试申请者所用时间"机会成本"。另外还会有相当多的间接成本——离职员工带走的客户关系，新员工"跟上节奏"前的低效率，以及同事对其指导培训所花费的时间。

美国培训与发展协会于 2001 年做的研究进行了这样的估算，如果把所有的因素都考虑进来，替换一个普通职员的费用大概是一个离职人员年薪的 1.5 倍。[8]得克萨斯大学的"工作—家庭研究组"做的一份研究也得出了相近的估算，即相当于一个离职雇员收入的 93%—200%。[9]根据经验来看，似乎是职员的级别越高，替换他或她的费用就越高。世界薪酬协会（Worldat Work）是一家关注职场人力资源的全球性组织，其执行主管安妮·拉迪的说法是，填补一个高层管理者职位空缺的花费大概是这份工作年薪的三倍。[10]

在经济快速发展的时期，劳动力市场"热门"行业的员工流动成本往往会特别高。90 年代末期，作为一家全国性的咨询培训公司，整体培训系统搜索公司（Integral Training Systems Search Inc.）估算替换一个软件工程师的费用在 15 万—20 万美元。[11]美国管理协会（American Management Association）2000 年 10 月公布的一个调查表明，76%的人力资源经理发现招募一个高级职员的成本比 3 年或 5 年前高了许多。[12]

最近几个月，经济发展的速度明显减慢，但是企业管理者们还在笃定地谈论失去优秀人才造成的巨大损失。保罗·萨克斯是跨国战略（Multinational Strategies），一家纽约管理咨询公司的首席执行官。据他所说："失去一位有价值的专职人员的代价极高。这会破坏与客户的关系，危及整个团队的工作。在我们行业里，你必须要安然度过一个缓慢增长期而不能丢掉核心员工。"[13]《哈佛商业评论》最近的一篇文章表达了同样的观点。在经济低迷时期，明智的管理者不会感到恐慌，也不会裁员。经济衰退期平均只会持续 11 个月，因此，为什么要急急

忙忙去裁员，然后再去招聘，重新培训呢？在现代社会，这样的做法是效率低下的，因为现在去招募优秀人才相当困难，成本也很高。[14]

因此，尽管现在经济低迷，但相当多的公司似乎愿意坚持到底，继续实行工作和生活保障政策，以吸引并留住熟练女员工。莉萨·贝嫩森是《在职母亲》和《职业女性》的前任主编，她指出《在职母亲》杂志在编制年度最佳雇主名单时，发现可供选择的公司越来越多。[15]其实，最近一份对1000家大公司的调查发现，提供育儿补助的公司从1993年的78%增长到87%；允许弹性工时制的公司从1993年的60%增长到77%；有些公司还提供了精心设置的工作和生活保障一揽子政策。特别是《职业女性》杂志的"最利于在职妈妈的100家公司"的年度调查，让我们看看前十名是哪些。2000年的前十名包括好事达保险公司、美国银行、礼来公司。[16]另外，安永会计公司、IBM、默克制药和学乐集团等企业的工时优化做得也特别好，这些公司在向雇员赠送"时间礼物"方面迈出了可喜的一步。[17]

"高成就女性，2001"提供了确凿证据，表明了具备充分的工作和生活保障政策的公司比不具备的公司更有可能留住女性职员。据调查，没有离职的女性所就职的公司往往在工作和生活方面提供了大量帮助。这些女性中有42%—69%的人有权享用弹性工作制、在家办公、带薪亲子假和削减工时。相比之下，离职女性的公司大都不具备充分的工作和生活保障制度。这些高潜能女性中，只有28%—49%的人在原来的公司享有这类福利（见注释中的图表）。[18]

但是，女性所需要的并不只是更好的福利待遇，还包括使用这些待遇的能力。在职的高成就女性强烈感受到，她们的公司不仅提供了慷慨的政策，而且管理者也很支持这些政策的推行。实际上，近90%的人说她们至少已使用过其中一项政策。同样，离职的女性则别有另一番滋味。这些女性说，在上一份工作中，就算政策到位，管理人员也并不支持。

现在的公司似乎在两个矛盾的要求之间左右为难：一个是通过尽可能多地挤榨职员的时间，从而使劳动力成本最小化；另一个是施行工作和生活保障政策以减少工作时间，使员工流动成本最小化。在大部分的工作场所，这两个要求彼此冲突、自相矛盾，这就是为什么雇员常常会感到有两套规则：一套是书面的、正式的；另一套是不成文的、非正式的。

正式的规则写在了公司手册及说明里，明确地划定了工作条件，它们往往会强调最新制定的工作和生活保障政策。非正式的制度是不成文的，但却隐含在公司文化之中，任何一个苦于谋求提升的雇员都要认真遵守。这些规则着重于各种露脸时间的必要性，要有 12—14 个小时能看得出是在办公室里"忙着工作"。杰茜卡·德格鲁特是社会学家和费城的家庭活动家，她的解释是雇员投入的露脸时间越多，得分就越多；但相比较起来，有些露脸时间更有价值："对于那些为了能下午 6 点到日托所接孩子而早 7 点就来上班的女性来说，这一套露脸时间的玩法会压低她们的分值。而那些早上 9 点上班，一直在办公桌前待到晚上 8 点的男性会被加分。原因在于，'下班以后'的露脸时间才能赢得最高的分值。"[19]

而事实是，通过压榨职员来减少成本的压力已经存在很久了，较之通过降低员工流动率来减少成本的压力，前者的历史久远得多。在过去的几十年里，美国企业界已经形成了一种极不人性化的、难以动摇的加班文化。尽管已经有令人信服的证据表明，减少职员流动可能从长远来看是减少成本的更好方式。用雅各布斯和格尔森的话说："长工时依旧存在并越来越多，并不是因为它们一定是组织工作的最有效方式，而是因为加班文化可以成功地'污名化'那些工作时间少的人。"[20]如年轻职员小组座谈会的参与者们指出，拒绝加班的职员就相当于给自己烙上一个现代版的红字。这种人被看作是"不正常"或是"不合群"，是没有资格被考虑晋升的。

第六章　时间危机

职场中人需要有极大的勇气才能打破常规，无视不成文的、非正式的规则，把书面的、正式的规则当回事。事实上，这样做太难了，以至于她们要去寻求帮助。

埃伦·奥斯特罗夫博士是一位新类型心理学家。她创立了 Lawyers Life Coach.com，这个网站为律师提供各种资源，帮助他们对抗长工时的职场趋向。对于想实现人生平衡的律师，她提供个性化的职场指导意见：缩短工作时间，拥有自我生活。年轻律师中也有男人，但绝大多数是女性。她特别想帮助她们抵制计时收费制和 70—80 周工时制的过分要求，并把最新的工作和生活保障政策真正使用起来。在她的网站上，奥斯特罗夫描述了这样一位女性的斗争，她在一个大型律师事务所工作七年。经过勇敢的努力，她不仅实现了事业上的成功，还融入了孩子们的生活：

> 她成为合伙人似乎是毫无悬念的。但就在一举拿下目标之时，她已是强弩之末了。几年来，她按照缩减工时规划来安排工作，这样能保证在孩子们放学回家前，她能及时下班到家。
>
> 然而，为了能把活干完，她不得不在孩子们入睡后继续工作。所以，好长时间以来，她一直是从晚上 9 点工作到凌晨 1 点或 2 点……但是，精疲力尽远远不是最大的问题，她在公司中受到的排挤才更要命。她感觉自己像是一个贱民，或者是一个残废。尽管她的公司允许缩减工时，但她觉得这些规定被大家当成了家庭困难者的特殊福利，是给那些明显不够强悍、不能事事兼顾的员工准备的。

"我和好多缩减了工时的律师谈过话，她们都被负罪感折磨得不成样子。"奥斯特罗夫说道。[21]

有一点似乎大家都明白。制定一套工作和生活保障政策是一回事，而改变公司文化让员工能够自主使用这些政策，这完全是另外一回事。

那么接下来，我们能怎么办呢？我们能不能设计一些政策，不管这些政策是公司的还是政府的，是正式的还是非正式的，都能够行之有效呢？我们能不能将福利政策体系化，这样既可以获得工作和生活之间的平衡，又能改变既有的思维定式和态度，进而改变我们的加班文化呢？

我认为我们可以做到，而且我们已经做出了一些可选方案。我希望对个人也好，对政府也好，这些方案会是一个起点。我着重关注了女性的需求和想法，并将我所了解到的雇主的实际难处考虑进来，编制了一个小型的福利政策一揽子方案，显示出"可能性的艺术"。别误解我。这个方案不会带我们进入乌托邦。但它的确会对女性能否获得生活平衡产生重大影响。而且更重要的是，它实事求是，完全可行。下面，请看我的倡议：

工作和生活保障政策全套方案

对私企的倡议

1. 每个在职父母有六个月的带薪假期，在孩子 18 岁之前可自行支取其中时段

任何爸爸或妈妈都知道，新生儿的需求会比较急迫，但之后也没好哪儿去，任何年龄阶段的孩子都非常需要陪伴。如果孩子四年级时考试不及格，或在青春期得了抑郁，父母中的一方可能要从工作中抽出时间，去寻找适当的帮助，或去多陪陪孩子。

把父母带薪产假延期至孩子 18 岁还有减少歧视的好处。男性和女性都可以在这 18 年里的任何时间休带薪产假，一旦明确了这一点，对生育期的已婚女性歧视的可能性就会大幅度降低。同样，

父母带薪假变得灵活和充足以后，性别方面的老式观点也会开始土崩瓦解。在这里值得一提的是瑞典模式。1974 年，瑞典首次推行了父母带薪产假，当时只有 3% 的父亲休产假。到 90 年代末，有 80% 的父亲休产假，或者至少休了产假的一部分。

2. 创造新型的高层工作，不断减轻工作时长和负荷

这方面的困难在于，要确保这些工时削减的工作不会变成事业的终点站，要允许有升职的可能；同时还要记住，这样的工作需要更长的时间来积累必要的经验。我们已经看到，多种专业服务公司正在尝试兼职合伙人制。灵活似乎是事情的关键。即使客户量变少了，兼职职员也还是需要根据客户的需求安排时间。

吊诡的是，这个提议竟是费利斯·施瓦茨的臭名昭著的"妈妈路径"理念的性别中立化版本。[22]12 年前，她提出职业女性的工作也许需要缩短工时，引来了暴风骤雨般的反对。女权主义者、工会成员和其他的进步人士对这种理念惊骇莫名，因为他们认为这是在"试图慢慢地将职业女性引入歧途，导向末路"[23]。而今，每况愈下的时间危机已经使得她的建议更具可接受性。

值得注意的是，欧洲的职场人士有着多种工时缩减的可选机会。在瑞典，爸爸妈妈在孩子八岁前可以每天只工作 6 个小时。荷兰官方规定一周工作 36 个小时，而法国最近把工时减少到每周 35 小时。事实上，欧洲人每年比美国人少工作的时间达到了令人吃惊的 350 个小时，而专业雇员的差距更是特别大。[24]

3. 既有"出口"也有"入口"

对很多过度工作的职员来说，实现工作和生活的平衡意味着正常的事业路径会被中断。正如我们在第三章中发现，这种中断会在收入和晋升机会方面付出很高的代价，因为离开事业相对容易，但重新开始却非常困难。政策分析家南希·兰金把事业比作公路，表示我们需要修建和"出口"同样多的"入口"。[25]在这方

面，下面的几种可选方案会有帮助：停薪留职，允许雇员休假无薪但保留职位的假期，然后回来工作；前员工待遇，允许员工与公司和行业保持一定联系；分门别类的工作清单，能让人们轻松找到工时较少的工作；替代性退休计划，可以减少请假带来的长期罚金。

对政府的倡议

1. 将《家庭医疗休假法案》（FMLA）惠及小公司雇员，并转化为带薪假

第三章中解释过，《家庭医疗休假法案》自 1993 年开始生效，提供 12 周的停薪留职假以照顾新生儿、老年父母或病重的家庭成员。这条立法对女性极其重要。我们发现，停薪留职产假不仅能帮在职妈妈拿出时间建立和新生宝宝的情感纽带，还能让她避免事业中断，由此能保持住收入能力。目前，《家庭医疗休假法案》提供的是无薪产假，并仅限于人数超过 50 人的公司的员工。我们需要推动它成为带薪假，并使之全民共享。[26]

2. 向员工提供"时间礼物"的公司可享受税收优惠

合乎条件的福利内容应该包括：工时缩减的职位、工作分担、带薪产假、在家办公和缩减每周总工时。符合此项目条件的公司若能提供这些工时优化福利中的至少三项，就有资格享有税收减免。

3. 促成新的立法以消除加班工作的根本动机

目的是消除加班文化背后的反常动机。减少没有加班费的员工比例，并采用某种福利方案让福利与工作时长挂钩，这样可以双管齐下，增加专职劳动力的边际成本，从而迫使雇主将工作时间减到最少。要实现这一点，政府应该推广《公平劳动标准法

案》，惠及更多的专业人员和管理人员，以便让他们有资格领取加班费。政府还应该规划一种与工作小时数为正比的、逐步累积的强制性福利。这能使工作时间特别长的员工有资格得到额外的福利（退休津贴、人寿保险或者现金奖励），还能够保护那些兼职工作人员。

以上的政策方案基于这样一些要点：

首先，它反映出职业女性的需求和愿望，这样想的人不在少数，她们希望工作和家庭政策可以给予她们"时间礼物"。因此，这套方案不同于常规的工作和生活福利方案，那些方案通常过于侧重想出办法来优化工作而非优化工时。病童护理就是这样的一个例子，这种福利的目的是减少工作中的障碍，它减轻了父母要照顾生病孩子的负担，从而确保父母能够继续他们的工作。可是，就算孩子的需求得到了很好地满足，父母还是更愿意在家里陪着生病的儿子或女儿。

工时缩减的工作、带薪产假和在家工作，这些福利才可以让个体真正在工作和家庭之间自由切换，实现长期平衡。双职工夫妻有了这些可选福利，甚至也许可以去考虑一下儿童心理学家斯坦利·格林斯潘所说的"三分之四解决方案"。借此方案，夫妻中的一方把三分之二的时间放在工作上，三分之一分给家庭，双方加起来就可以为家庭提供单人收入的三分之四。[27]格林斯潘把这种方法称为儿童发展和成人幸福的"最佳框架"。

其次，这些福利政策都表明，要正面解决美国的加班文化，就必须消除导致长达五六十个小时的工作时间的反常动机。如果雇主压榨职员多工作五或十个小时，每次都会被索取加班费和附加福利费用，他们也许就会三思而行了。资深经理的最高层想必不该拿加班费，比如说，首席执行官们几乎都拿年薪，不应该每周工作 40 个小时之后还希望拿到加班费。但目前，全体员工中有整整 30% 拿不到加班费，如

153

果可以拿到加班费，他们的状况会改善许多。

第三，这些配套政策一旦落实，就会在两性平等方面起到极大的建设性意义。对加班文化的制约会有助于让两性竞争变得更加公平。只要大量职员继续每周都工作五六十个甚至 70 个小时，那些选择休长假或采取缩短工时的人们就会在事业发展和收入能力各方面都付出极高的代价，而这些代价中的绝大多数都是由妈妈们付出的。

这不仅是因为妈妈比爸爸更愿意花时间陪孩子，还因为职业女性往往比她们的丈夫挣得少，这样也会导致妈妈而不是爸爸请假停工。所有这些因素叠加起来，造成了一个恶性循环：较低的收入增加了妈妈们中断事业的可能性，反过来，事业的中断又导致将来更低的收入。

因此，控制我们的加班文化对促进两性平等非常关键。一旦我们缩小"免加班费"劳动的限定，就没有什么职员会长期加班工作了。这样一来，请假带来的罚款就会大大减少，而且可以期待更多的男性也乐于请假。在这样的环境中，更多的夫妇或许会选择格林斯潘的"三分之四方案"，男性和女性都更有可能过上平衡的生活。

最后，这些福利政策还有助于消除某种令人不快的分歧，这种在职父母和无子女职员之间的分歧在国内公司里普遍存在。"高成就女性，2001"调查中，足有54%的无子女的职业女性说，有子女员工很不公平地丢下担子，却指望她们接住；实际上，这些女性中45%认为有子女员工的可选福利根本就是太多了。

52 岁的安娜是旧金山的一家出版公司的主管编辑，她也参加了调查：

> 如果有人走进我的办公室，告诉我说她怀孕了，我很难保持礼貌，更不要说道贺了。我的下属里有十一个女性，其中两个今年秋天准备要孩子，也就意味着她们要在我们最忙的时候离职，让我们来做她们的工作。其中一个居然有脸来要求额外的无薪假，

她跟我说六个月不算长。我不知道是不是这样——我没有孩子，但是我不相信工作懈怠的人。这让我觉得真实世界中的成年人做个决定真的很难。

正如索尼娅在年轻职员小组座谈会上所说，当你的工作中极度缺乏时间时，当你的工时长得不近人情时，你真的很难做到慷慨大度。用她的话说："任何能喘口气的人……都会被嫉恨。所以，如果你选择了缩减工时，你就要准备迎接巨大压力。唯一的解决方法就是每个人都能喘口气。"

第七章　全部拥有

"该死，" 35 岁的辛迪说道。辛迪目前正与 4 岁的女儿萨曼莎、7 岁的儿子萨姆一起住在北卡罗莱纳州的罗利市。[1]

当我说想全部拥有的时候，男人们总会怪我太贪婪。但是，我要的可不是那些可有可无的东西，而是最基本的需求：爱情和工作。哪个正常人会不需要呢？

萨曼莎出生的时候，我因为想减少工时而被排挤出职场，我觉得这真是奇耻大辱。尽管我有一大堆漂亮的证书，但还是没能重返职场。这并不是因为我不想工作，我申请过许多次，拼命找关系，但是没人想雇一个打算每周只工作 35—40 个小时的管理人员。

在现代社会，如果我的目标是财富 500 强的 CEO，我会不得不做出选择：事业还是孩子。但我的人生规划只是一边抚养两个孩子，一边在中层管理层做一份兼职工作。这听起来很过分吗？

"我从没打算不要孩子。"凯特说道。凯特今年 52 岁，就职于华盛顿大学医学院，现在住在西雅图。[2]

但我 35 岁才完成培训，之后在芝加哥读博士后。回想起来，我真不明白怎么能把那些年华全部奉献给了事业。只是当时我没

156

多想想。

　　我现在正在努力接受现实。前些天，我看到一些数字，让我突然想到：如果我到了 65 岁身体还很好的话，那么我有可能再活 19.1 年，这对于孤家寡人的我将是很漫长的一段时间。不知道为什么我以前从没想过，既然没有子女，我也不会有孙子孙女。

　　辛迪和凯特都参加了"高成就女性，2001"调查，她们代表了不同的两代人，从事不同的职业，住在不同的地方，选择了不同的人生道路。但她们的现实遭遇却同样普遍。她们要做出不得已的抉择：事业还是家庭，爱情还是工作。包含在这些女性声音里的痛苦和遗憾标定了这本书的基本主题：这种抉择仍在困扰着有才华的女人们，无论是深度、广度还是持久度，都令人非常震惊。参加"高成就女性，2001"调查的女性中，只有 16% 的人认为女性"拥有全部"的可能性很大。哈佛经济学家克劳迪娅·戈尔丁认为，这基本上就是"有为一代"女性中最终拥有事业、爱人和至少一个孩子的人的比例。戈尔丁在 1995 年的研究中发现，70 年代早期大学毕业的女性中，只有 13%—17% 的人同时拥有事业和家庭。[3] 这是非常小的比例。就女性生活的完整性而言，在过去一百年间发生的变化，比我们乐于想象的要小得多。著名的女性主义者和活动家，夏洛特·珀金斯·吉尔曼于 1897 年写道：

　　　　我们的生活都被安排好了，男人可以拥有房子、家庭、爱情、友情，还可以享受家庭生活和父子天伦，与此同时他们还依旧可以成为时代和国家的活跃公民。另一方面，我们却不得不束手束脚地生活，女人必须做"选择"；要么她不得不孑立无依地了此一生，无人喜爱、缺少陪伴、没人呵护、没有家庭、没有孩子，工作是这世上唯一的慰藉；要么她必须放弃家庭之外的工作以换取爱情之欢乐、母爱之光辉，以及家庭之内的杂活。[4]

一个多世纪之后，还有太多的女性仍被迫做着如此艰难的选择。我们的调查表明，美国企业界有42%的高成就女性没有子女，这个数值在超高成就女性中高达49%。她们中的绝大部分并不是主动选择不要孩子的；事实上，这种"不知不觉走到的末路"让很多人的人生充满了痛苦和失落。

我们的调查还让我们了解到放弃事业带来的痛苦和浪费。"高成就女性，2001"发现，足足有三分之二离职的高潜能女性认为她们是被迫放弃事业的，她们最大的愿望就是重返职场。

越来越多的研究表明，同时拥有事业和家庭的女性是最快乐的。研究证明，职业活动能够提供精神激励、经济来源、自信自强和成人间的友谊。对在职和不在职妈妈们的幸福度的研究发现，在职妈妈们拥有更高的满意度、自我价值感以及更少的沮丧感。这个发现在相当多的行业中都得到了印证。[5]记者苏珊·希拉在《母亲的位置》一书中指出，女性经常把工作看作是一种力量，这是因为工作多少赋予了她们一点独立。[6]但更值得注意的是：妈妈们在兼职工作和减时工作中表现得更出色。芝加哥大学社会学家陈琴（音译）和罗烨（音译）于2000年所做的研究表明，妈妈们的幸福体验大体上与她们在带薪工作上投入的时间相关。[7]长工时工作的妈妈明显没有减时工作的妈妈快乐，因为50—60小时的周工作量加剧了工作和家庭之间的冲突。

可想而知，当在职妈妈有足够的闲暇时间陪孩子在家里玩、去电影院、做做运动、逛逛博物馆和公园、一起旅游、一起吃饭，或只是聊聊天，这时候她们会更快乐。陈琴和罗烨的结论是：兼职工作和减时工作能使妈妈们的幸福"最大化"[8]。

工作对女性有好处，婚姻和孩子也是如此。在第四章中，我们列举了新的有力证据说明了婚姻会给女性带来幸福。同样，另有一些类

似的证据，证明孩子也会大大提升女性的幸福感。

密西根大学的社会学家洛伊丝·霍夫曼研究了孩子对父母的价值，十多年来发表了一系列的书籍和文章。霍夫曼发现，不同文化背景之下的父母都将子女视若珍宝，认为生育子女能避免孤独，还能获得爱和陪伴。在她的研究中，妈妈和爸爸都描述了"孩子带来的爱"，还表示有了孩子"你就永远都不会感到孤独"。她还强调了父母将孩子视为快乐、激励、乐趣和消遣的源泉：父母都觉得"生活是不断变化的"，而孩子"让你的生活充满了活力"[9]。

更值得注意的是，孩子可以帮助父母回答一些人生的核心问题——如何在自身之外找到生活目标？如何面对死亡？霍夫曼指出，这些问题正在变得特别难以回答，因为"在城市的工业化生活中，个体会更少地感知到与基本生命历程之间的有机连接"[10]。有些人通过信奉宗教去寻求答案，而更多的人则寄希望于自己的孩子。霍夫曼认为，孩子会帮助父母满足这些基本的人类需求，获得超越死亡的人生意义和目标。

孩子能让父母感受到某种形式上的永生。孩子连接过去，传承祖先的基因，承接家族的姓氏与传统；同时，他们也连接未来，父母的特征和价值观会体现在他们深爱的子女身上，从而得到延续。因此，孩子会给生命的终局注入宽慰，减轻忧惧。

在一项特别重要的研究中，霍夫曼及其合作者卡伦·麦克马纳斯和伊冯娜·布拉克比尔研究了老年夫妇的生活，发现"孩子的价值在父母老年时期得以实现"[11]足有四分之三的老年夫妇认为他们的孩子是关爱、陪伴、快乐和经济支持的主要来源。尽管他们中极少有人拿孩子的钱，但几乎有一半的人觉得孩子会在他们经济困难时提供保护。

年长父母和孩子之间的联络是相当多的。根据霍夫曼的研究，25%的年长父母住在离子女15英里以内的地方，几乎40%的人会每周都和子女联系。只有不到3%的年长父母和子女每年见面不到一次。

凯特担心当她自己年老之后，会因没生子女而倍感缺憾，这种担忧在这项研究中被充分证明了不是空穴来风。

陈琴、洛伊丝·霍夫曼和其他人的研究成果为我们在日常生活中的感悟提供了可供分析和对比的框架：如果你足够幸运能够同时拥有事业和家庭，那么你就很可能会从两者之中收获满满的幸福，而且从长期来看尤其如此。就我从个人经历所知，生活中爱情和工作都很圆满，真是莫大的幸运。

上个月的周五早晨六点半，我到拉瓜迪亚机场去赶飞往北卡罗来纳州格林斯伯勒市的飞机——我受邀去温斯顿萨勒姆市演讲。当时正在下雪，飞机需要进行两次除冰。我坐在候机室里，发现自己异常紧张。没有什么比在暴风雪天等飞机更令人焦虑不安了。

我用一种心法来应对这种时刻。当身体紧张时，我会闭上眼睛，在脑海中浮现出我的孩子的影像。在拉瓜迪亚机场的那个周五，我想的是我的小儿子亚当。前一天晚上的十点半，我走进了他的房间跟他说晚安，可是他已经睡着了，躺在床上，衣服也没脱，身边凌乱地堆着书和笔记本。欧洲史显然已经把他累垮了。我记得我安静地躺在他身边，用鼻子轻轻碰着他柔软的脖颈。听着他的呼吸，我感觉到我的爱如潮水般涌向这个可爱笨拙的大男孩，让他和我都得到了成长。

每次这样做都有用。想象和孩子在一起的温馨场面会缓解我的紧张情绪，我的下巴不再收紧，指节发白的双手也慢慢地松开，不再紧抓扶手。如果这架飞机不幸坠毁了，至少在我死去时，我会念着对孩子们的爱，这是我所知道的最强大的力量。想到这一点，我就会得到某种程度的从容。

当然，一到北卡罗莱纳州，我就立刻想起为什么我会在早晨5:30起床，冒着大雪飞到千里之外的陌生城市。温斯顿塞勒姆市的一个活动表彰了《福赛斯家庭》杂志的"焦点"项目（Forsyth Family Focus）——这是一个全国性项目，致力于家庭扶持事业和地方企业之

间的合作，这些企业包括美国航空公司、雷诺烟草公司和美联银行。我受邀在此活动中做一个主题演讲，目的是让这些公司相信，要想它们的职工家庭蓬勃成长，就需要拿出更多的福利和服务。

当我站在亚当斯·马克·温斯顿广场酒店的讲台后面，面对 300 名商业主管时，我知道我面临的是一个严峻的挑战。这些人非常保守，不相信应该支持在职女性并向她们的家庭伸出援手。

不过，我也是有备而来。在这个舞台上，我知道如何去启发并劝服哪怕是最固执的商人。我引用了最有说服力的当地的例子，强调成本效益逻辑，并赞扬了一些在工作和家庭保障方面已经取得进展的公司。很快，他们就听得入了神。一个小时以后，当沉浸在听众热烈的掌声和顿足欢呼中时，我感到非常兴奋，每个职业人士在挥洒自如地完成工作之时都会有这种感受。那天下午，我离开温斯顿萨勒姆市前，有三个公司请我帮忙起草家庭扶持政策，并将之纳入它们原有的配套福利之中。我赶往机场准备另一段令人焦虑的飞行，返回大雪冰封的拉瓜迪亚机场，一路上我觉得情况挺好。尽管天气恶劣，我也没有留下来过夜。我想及时赶回家陪三岁的孩子入睡。

我对家人的爱特别深厚，我从事业中也真真切切地感受到了满足感。我"付出"了吗？付出很多。值得吗？分毫点滴皆有所值。应该有更多的女性能够同时选择事业和家庭吗？当然应该。

这就带给我们一个价值 6.4 万美元的问题：这本书会帮助年轻女性兼得爱情和工作吗？我想答案是肯定的。

这些章节里最重要的见解和策略都侧重于个体。这些显然是最有帮助的，因为如果你想让年轻女性的自主权更大，你就要多谈一谈她们手到擒来的东西。为了详尽地概括女性们如何才更有可能创造理想的生活，我做了下面这个列表。

1. 想清楚：在 45 岁时，你想要怎样的生活。你希望拥有怎

创造生活

样的个人生活和怎样的职业生涯？如果答案是你想要孩子（大约86%的高成就女性这样想），你就需要格外留心并认真积极地去准备。如果你不想要孩子，那压力自然就没有了。

2. 当务之急是找到人生伴侣。这件事情的时效性极强，你在二十多岁时就需要特别在意。你需要明白，一个有爱的、持久的婚姻会提高你的生活质量，让你更可能有自己的子女。这本书中的数据表明，高成就女性在年轻时代更容易找到伴侣。

3. 在35岁前生下第一个孩子。尽管辅助生殖技术会创造奇迹，但你也不要等到40岁左右再尝试生育第一个孩子。我们现在都知道过晚生育充满了风险和失败。即使你"踩着最后期限"要了一个孩子，你很可能无法要第二个了。这同样会带来巨大的遗憾。

4. 选择可以提供"时间礼物"的职业。某些职业会更有利于工作和家庭之间的平衡，因为它们有更多的灵活性，对事业中断也更宽容。我们现在知道：在兼顾事业和家庭方面，女性创业者比女性律师做得好；而女性律师又比女性白领做得好。总之，就平衡家庭和工作的难易度来说，创业者和行政人员之间差别巨大。正如第一章的莫莉·弗里德里克提到的，想要兼顾事业和孩子的年轻女性，应该考虑避免从事那些规则缺乏弹性的工作。

5. 选择可以帮助你实现工作和生活平衡的公司。不同的公司提供的福利选项差别很大。如果你是一个踌躇满志，同时还想要组建家庭的年轻女性，那就找一家提供大量工作和家庭保障政策的公司，包括缩减工时和多种停薪留职假。

这样，女性有大量措施可供采用，避免事业或家庭的牺牲。但弄清个体女性如何去做，问题也只是解决了一半。另一半是要让她相信，她理应拥有事业和孩子。我想说的是，怎样能让一位女性相信，她可

以摆脱束缚去努力争取所需要的一切，实现鱼和熊掌的兼得呢？

首先，完全从个人层面来说，真相会真正地给予你自由。让我们引用苏珊·希拉那句有力的话，最重要的是女性"应该自由地做出选择，而不是受到错误争论的蒙蔽和挑唆……只有那样，丢下束缚的女性才能做出对她们最有利的决定"。[12] "有为一代"女性中，只有3%的人在35岁以后结第一次婚，1%的人39岁以后生下第一个孩子，知晓了这一点确实能促使我们集中精力，更易于处理现实世界中为了结婚生子做出的妥协。在平衡工作和家庭方面，女性创业者做得要比女性白领好得多；有些企业的规则的确可以通融，了解这个信息同样对我们也极有帮助。所以，这么一大堆看似不乐观的最新情况和数据，实质上却让人松了一口气。这些数据会坚定我们的勇气，激发我们的行动。我在采访心理学家邦尼·马斯林时，她反复用了"要是"这个词："要是女人们明白这些就好了；要是她们没有被炒作和谣言蒙蔽就好了；要是她们明白等待只会让她们坐以待毙就好了。"[13]

我希望本书的信息能帮助女性做出满意的选择，同时我还希望能帮助她们提出要求。本书提供了完整的数据和分析，做出了有力的证明：职业女性具有相当的市场支配力，她们可以借此规避长时工作，创造更平衡的生活。

我们的观点概括如下：在今天的信息化经济中，教育、技术和经验再次被高度重视，雇主们开始觉悟到他们无法承受大批职业女性在生育后离职带来的损失。麦肯锡顾问公司1999年的一份题为"人才争夺战"的研究，提出了更多有说服力的论据。[14]这份研究调查了77个公司和6000名商业主管，发现未来20年中最重要的企业资源将会是人力资本——尤其是杰出职业人士所具备的知识、技术和经验。[15]在现代社会，金融资本、基础结构资源和前沿技术全都唾手可得；价格或许会是障碍，但准入绝不是问题。因此，人力资本或者"人才"已经成为全球企业竞争优势的主要来源。

如果人才是最重要的资源，那么它同时也是最短缺的资源。在未来的 15 年，年龄在 35—45 岁的美国人将会比现在减少 15%。麦肯锡团队预测，对很多公司来说，寻找最优秀、最聪明的雇员将会变成一场持久、昂贵的战斗。企业不仅要设计出更具创新性的招聘措施；还必须更努力地去挽留住它们最好的员工。根据麦肯锡团队的说法，"如今的优秀职员像青蛙一样敏感，风吹草动都有可能让他们跳走"。[16]

在接受麦肯锡研究调查的 6000 名管理人员中，75% 的人说他们严重缺乏人才。事实上，40% 的受调查公司说它们"人才匮乏"，缺乏受过教育的熟练雇员，从而无法追求增长机会。

然而，这一点也不应该被过分夸大。我们前面讲过，私营企业里有很多思维僵化的老板，他们不会也不愿理解参加人才争夺战的必要性。此外，缺乏人性化的职业路径和长时间工作在我们的企业文化中已经根深蒂固了。在最近的一个采访中，哈尼根企管顾问公司的莫里·哈尼根就惊讶于几乎没有公司意识到人才流失的代价。

> 如果一个价值两千美元的电脑从员工的办公桌上消失了，这个事情一定会受到调查，不能轻视。但如果一个价值十万美元、掌握所有客户关系的经理被对手撬走了——或者辞职在家带孩子了——却没人调查，没人会因此受责备。[17]

哈尼根指出仅有 40% 的公司关注员工流失率。

尽管困难重重，我们依然拥有一扇重要的机遇之窗。高成就女性们应该了解关于人才大战和员工流动成本的信息，然后绝地反击。即使企业雇主会为了照顾在职妈妈而考虑提供每周 30 工时制及其他工作和生活保障福利，他们也需要了解这些情况。正如我们所见，大部分雇主长期陷于人才争夺战的泥潭，想方设法地吸引并留住职业女性。在 2000 年，多达 22% 的持有专业学位（MBA 和类似的学位）的女性

根本无法置身于就业市场。[18]这是何等严重的高级人才浪费！高素质女性人才总量中几乎有四分之一在有孩子以后被迫离开工作，这一点是私营企业根本无法承受的。

这本书还为女性提供了另一项有力武器，也许可以用来鞭策美国政府去做早就该做的事情。其实，父母为孩子投入的金钱、时间和爱会让其他人也受益，我们的国家也需要职场女性成为专注的、高效的妈妈。[19]想想吧，如果妈妈——爸爸也一样——能够投入必要的时间和关注，培养出的孩子就会品学兼优，能受到高等教育，那么谁是受益者呢？的确，父母能获得爱、陪伴和终生的依恋等巨大的无形的回报。但是，国家收获了更具体更实际的回报。竞争力强、发育良好的孩子会成长为高效劳动力，会促进经济，缴纳税赋。他们还会成为有责任感的公民，会投票并以各种方式奉献社会。想象一下，若是一个国家不能源源不断地涌现出能干的、善良的年轻人，这个国家前途何在！因此，父母能否照顾好孩子，在这个问题上我们全都是利益相关者，第六章倡议的政府资助型家庭支持计划会让我们每个人获益。

但我们不能坐享其成。第三章告诉我们，在职妈妈的扶持政策遭遇了多股势力的反对，他们来自各个方面，从反对政府干预人们私生活的保守主义者，到自称"不要孩子"、憎恨育儿补贴的人。尽管出发点不同，但他们带来的阻力却是同样的狠毒，同样的根深蒂固。

如果公众对在职父母的支持不够广泛，那么国家利益就要受到影响。如果社会对母亲能更多一些体谅，那么女性也许就不会因为想同时拥有事业和家庭而心怀愧疚了，她们可以理直气壮地去向老板提出缩短工时。

记住这一点：女性生养孩子，不是沉迷于某种花销大的嗜好；相反，她是在承担起一项具有重大社会意义的巨大责任，她们理应得到支持和帮助。所以，全部拥有事业和生活是一个很好的理念——无论是对女性个体还是对整个国家。

NOTES (注释)

Preface to the Original Edition

1. Some of the initial interviews were done with my long-time friend and coauthor, Cornel West.

2. The survey was fielded in partnership with the National Parenting Association and Harris Interactive. For further details, see chapter 2.

3. Interview with author, December 15, 2000.

4. Interview with author, July 25, 2001.

5. Ellen Galinsky, keynote address, WorkLife Congress 2001 sponsored by *Working Mother* magazine, New York, October 10, 2001.

Chapter 1

1. In 1998 19 percent of American women were childless at ages 40–44. Thus the rate of childlessness among high-achieving women is roughly twice the rate in the population at large. Overall rates of childlessness have increased in recent years. See: U.S. Census Bureau, "Fertility of American Women," Washington, D.C., September, 2000.

2. *High-Achieving Women, 2001.* New York: National Parenting Association, April 2002.

3. *The New York Times,* December 23, 1999.

4. Interview with author, January 13, 1999.

5. Interview with author, January 13, 1999.

6. *High-Achieving Women, 2001.*

7. Interviews with author, September 14 and September 19, 2000.

8. Interview with author, November 21, 2000.

9. Interview with author, March 10, 2000.

10. Wendy Wasserstein, *The Heidi Chronicles*. New York: Harcourt Brace Jovanovich, 1990, p. 21.

11. Interview with the author, December 5, 2000.

12. Names and affiliations have been changed.

13. Interview with author, February 28, 2000. Names and affiliations have been changed.

14. Interview with author, December 5, 2000.

15. Interview with author, February 25, 2000.

16. Interview with author, April 30, 2001.

17. Wendy Wasserstein, *An American Daughter.* New York: Harcourt, Brace & Co., 1998, p. 81.

Chapter 2

1. The survey included a nationally representative sample of 1186 high-achieving career women aged 28–55 years, a nationally representative sample of 479 high-achieving non-career women aged 28–55, and a nationally representative sample of 472 high-achieving men aged 28–55. The survey was self-administered on-line through the Internet.

High-achieving career women are defined as women who are employed full-time or self-employed and earn an income that places them in the top 10 percent of their age group (at least $55,000 per year for women 28–40 and at least $65,000 per year for women 41–55 years old), or women who have a doctorate or who have a professional degree in medicine, law, or dentistry. The sample includes an oversample of "ultra" high-achieving career women earning at least $100,000— which places them in the top 1 percent of their age group.

High-achieving noncareer women are defined as women

创造生活

who are highly educated but not currently in full-time employment. They have completed a bachelor's degree with high honors, or completed graduate school/professional school, or obtained a CPA qualification. Either they are out of the labor market completely, or they are at work only a small number of hours a week. In the text these women are often referred to as *high-potential women.*

High-achieving career men are defined as men who are employed full-time or self-employed and earn an income that places them in the top 10 percent of their age group (at least $80,000 for men 28–40 years old and at least $95,000 for men 41–55 years old), or who have completed graduate school/professional school.

The interviews averaged 17 minutes in length and were conducted between January 5, 2001, and January 12, 2001.

The survey was carried out by Harris Interactive under the auspices of the National Parenting Association, a non-profit research organization. Funding for the survey and the associated research was provided by Ernst & Young, Merck Inc., The Annie E. Casey Foundation and the David and Lucile Packard Foundation.

For details of the methodology and findings see: *High-Achieving Women, 2001*. New York: National Parenting Association, April, 2002. See also www.parentsunite.org. It should be noted that Norma Vite-León of the Economics department at New School University performed additional calculations using data from the *High-Achieving Women, 2001* survey.

2. According to the definition used in *High-Achieving Women, 2001*, corporate America includes all companies with more than 5,000 employees.

3. It should be noted that in the category of ultra-achieving men the sample size is small and results should be interpreted cautiously.

4. This 14 percent figure for high-achieving women is a little higher than in the female population at large. Across income groups and across countries, approximately 9–12 percent of young women state that they expect to remain childless. In 1992 the Census Bureau found that 9 percent of American women plan to remain childless. This is the last year these data were collected. Interview with Martin O'Connell, Fertility Division, U.S. Census Bureau, November 28, 2001. A recent study in the United Kingdom finds that 10 percent of young British women plan to remain childless, while in Australia the figure is 11 percent. See: Fiona McAllister, "Choosing Childlessness," Family Policy Studies Centre, London, July 1998, and "Reasons for People's Decisions Not to Have Children," Australian Institute of Family Studies, Melbourne, May 2001.

5. These figures are appreciably lower than in the population at large. Nationwide, 67 percent of women aged 40–44 years are currently married. See U.S. Census Bureau, "Current Population Report," June 2001.

6. It should also be noted that in the category of African-American women the sample size is small and results should be interpreted cautiously.

7. Figures calculated by Norma Vite-León from *High-Achieving Women, 2001* data.

8. A 1986 study by Heidrick and Struggles examined the lives of high-achieving women across a range of careers and found that 54 percent of these women were childless. See Felice N. Schwartz and Jean Zimmerman, *Breaking with*

9. Claudia Goldin, "Career and Family: College Women Look to the Past." Cambridge Mass.: National Bureau of Economic Research, Working Paper No. 5188, 1995.

10. See : Danity Little, *How Women Executives Succeed: Lessons and Experiences from the Federal Government.* Westport, Conn.: Quorum Books, 1994; Deborah Swiss, *Women Breaking Through: Overcoming the Final 10 Obstacles at Work.* Princeton, N.J.: Pacesetter Books, 1996; and *Women and the MBA: Gateway to Opportunity*, Catalyst, 2000.

11. If Marilyn feels overloaded, she is not alone. A recent study by the Families and Work Institute finds that nearly a third of U.S. employees often or very often feel overworked or overwhelmed by how much work they have to do. See: "Feeling Overworked: When Work Becomes Too Much," Families and Work Institute, May 2001.

12. According to *High-Achieving Women, 2001*, when neither spouse takes prime responsibility for a house-related or child-related task, it is either shared between the spouses or not done at all.

13. U.S. Census Bureau, "Current Population Survey," March 2000.

Chapter 3

1. Interviews with author May 5 and November 1, 2000.

2. Felice N. Schwartz and Jean Zimmerman, *Breaking with Tradition: Women and Work, the New Facts of Life.* New York: Warner Books, 1992, p. 67.

3. Interview with author, December 20, 2000.

4. Jane Waldfogel, "The Effects of Children on Women's Wages," *American Sociology Review*, vol. 62, 1997, pp. 209–217; and Michelle J. Budig and Paula England, "The

NOTES(注释)

Tradition: Women and Work, the New Facts of Life. New York: Warner Books, 1992.

In a 1993 book, Deborah Swiss and Judith Walker explored the challenges facing female graduates of Harvard's professional schools when they attempted to combine career and family. They found that 34 percent of these women were childless. See Deborah J. Swiss and Judith P. Walker, *Women and the Work/Family Dilemma: How Today's Professional Women are Finding Solutions*, 1993.

A 1994 article by Ellen Fagenson and Janice Jackson, which examined the lives of American business managers, found that 61 percent of women executives were childless. See Ellen A. Fagenson and Janice J. Jackson, "The Status of Women Managers in the United States," in Nancy J. Adler and Dafna N. Israeli, eds., *Competitive Frontiers: Women Managers in a Global Economy.* Oxford: Blackwell, 1994.

A 1996 study of women in corporate leadership by Catalyst found that 36 percent of these women were childless. See *Women in Corporate Leadership: Progress and Prospects,* Catalyst, 1996.

A 1998 study of women in academe found that 50 percent of university women were childless. See Regina M. Watkins, Margie Herrin, and Lonnie R. McDonald, "The Juxtaposition of Career and Family: A Dilemma for Professional Women," Advancing Women in Leadership, Winter 1998.

A 2001 study of women on Wall Street found that only half of the women surveyed had children compared to three-quarters of the men. In the words of this study, many women are being forced to make "significant sacrifices in their personal lives." See "Women in Financial Services: The Word on the Street," Catalyst, July 25, 2001.

Wage Penalty for Motherhood," *American Sociological Review*, vol. 66, 2001, pp. 201–225.

5. Interview with author, September 23, 2000.

6. U.S. Department of Labor, Bureau of Labor Statistics, "Employment and Earnings," January 2000. Despite this impressive trendline, it's important not to overstate the gains of women. Recent studies show that more than half of the shrinking wage gap is due to a fall in the real wages of men. Less than 50 percent is a result of women being paid more. See Heidi Hartmann and Julie Whittaker, "Stall in Women's Real Wages Slows Progress in Closing the Wage Gap," Research-in-brief, Institute for Women's Policy Research, February 1998. Figures updated.

7. Current Population Survey, *Bureau of Labor Statistics*, 2001.

8. Catalyst press release, November 13, 2000.

9. Catalyst press release, November 11, 1999.

10. American Bar Association, "A Snapshot of Women in the Law in the Year 2000," http://www.abanet.org/women/snapshots.pdf, accessed September 25, 2001.

11. Cited in Sylvia Ann Hewlett, *A Lesser Life*. New York: William Morrow, 1986, p. 85

12. Susan Harkness and Jane Waldfogel, "The Family Gap in Pay: Evidence from Seven Industrialised Countries," Centre for Analysis of Social Exclusion, London School of Economics, November 1999, p. 21. This study calculates the mean hourly wages of women as a percentage of the mean hourly wages of men. See also Francine D. Blau and Lawrence M. Kahn, "Wage Structure and Gender Earnings Differentials: an International Comparison," *Economica*, 1996, 63, pp. 29–62.

13. Interview with Jane Waldfogel, July 17, 2001. See also

Susan Harkness and Jane Waldfogel, "The Family Gap in Pay," Table 3.

14. Lester C. Thurow, "63 Cents to the Dollar: The Earnings Gap Doesn't Go Away," *Working Mother*, October, 1984, p. 42.

15. Interview with author, October 26, 2000.

16. Interview with author, June 15, 2001. See also Jane Waldfogel, "Understanding the 'Family Gap' in Pay for Women with Children," *Journal of Economic Perspectives*, vol. 12, no. 1, Winter 1998: p. 143.

17. Linda J. Waite and Maggie Gallagher, *The Case for Marriage: Why Married People are Happier, Healthier, and Better off Financially.* New York: Doubleday, 2000, p. 99.

18. Waldfogel, "Understanding the 'Family Gap' in Pay for Women with Children," p. 145.

19. Solomon William Polachek, "Women in the Economy: Perspectives on Gender Inequality." Paper presented at the U.S. Commission on Civil Rights Conference on Comparative Worth, June 6, 1984.

20. Survey entitled "Value of a Mum" carried out in 2000 by Legal & General. See discussion in "Housework Still Done by Women," *Guardian*, March 10, 2000. According to this survey, full-time working mothers spend 56 hours a week on domestic labor, part-time working mothers 68 hours, and housewives put in 76 hours.

21. This finding reinforces the results of a recent study that demonstrates that instead of having someone to share the work with, marriage causes housework to increase significantly for women. Married women perform 14 hours more housework each week than single women. By way of contrast, married men perform only 90 minutes more. See Chloe E. Bird, "Gender,

Household Labor and Psychological Distress: The Impact of the Amount and Division of Housework," *Journal of Health and Social Behavior,* vol. 40, March 2001, pp. 32–45.

22. Nora Ephron, *Heartburn.* New York: Pocket Books, 1983, p. 104.

23. Scott Coltrane, "Research on Household Labor: Modeling and Measuring the Social Embeddedness of Routine Family Work," *Journal of Marriage and the Family,* vol. 62, November 2000, pp. 1208–1233. This article reviews more than 200 scholarly articles and books on household labor published between 1989 and 1999.

24. Susan Harkness and Jane Waldfogel, "The Family Gap in Pay: Evidence from Seven Industrialised Countries," op. cit., pp. 9–10.

25. John Carvel, "Britain's Childcare Worst in Europe," *Guardian,* September 3, 2001.

26. Heather Joshi, Pierella Paci, and Jane Waldfogel, "The Wages of Motherhood: Better or Worse?" *Cambridge Journal of Economics,* vol. 1999, pp. 543–564. It's important to point out that even when a new mother is supported with paid maternity/parenting leave and maintains a continuous work history, she still earns less than women without children. Comparing women with similar work histories, Waldfogel found that one child still reduces a woman's lifetime earnings by 4 percent. See Jane Waldfogel, "The Effect of Children on Women's Wages," *American Sociology Review,* vol. 62, 1997, pp. 209–217.

27. See discussion in Dolores Hayden, *The Grand Domestic Revolution.* Cambridge, Mass.: MIT Press, 1981. See also Charlotte Perkins Gilman, *Concerning Children.* Boston: Small, Maynard & Co., 1901; and Charlotte Perkins

Gilman, *The Living of Charlotte Perkins Gilman.* New York: Harper & Row, 1975, p. 163.

28. Interview with author, September 20, 1996. See also Edward N. Wolff, "The Economic Status of Parents in Postwar America," in Sylvia Ann Hewlett, Nancy Rankin, and Cornel West, eds., *Taking Parenting Public: The Case for a New Social Movement.* Lanham, MD: Rowman & Littlefield, 2002.

29. See discussion in Sylvia Ann Hewlett and Cornel West, *The War Against Parents.* Boston: Houghton Mifflin Co., 1998, pp. 88–124.

30. Interview with author, May 31, 2000.

Chapter 4

1. Interview with author, September 13, 2000.

2. Helen Fielding, *Bridget Jones's Diary.* London: Penguin Books, 1996.

3. "The Marriage Crunch," *Newsweek,* June 2, 1986, p. 54.

4. Interview with author, October 17, 2000.

5. U.S. Census Bureau, "Current Population Survey," March Supplement, 2000.

6. David Brooks, *Bobos in Paradise.* New York: Simon and Schuster, 2000, p. 15.

7. Interview with author, September 23, 2000.

8. Interview with author, February 3, 2001.

9. Interview with author, January 23, 2001.

10. Interview with author, October 17, 2000.

11. *Hooking Up, Hanging Out and Hoping for Mr. Right: College Women on Mating and Dating Today.* New York: Institute for American Values, July 2001.

12. Interview with author, January 26, 2001.

13. Jessie Bernard, *The Future of Marriage*. New Haven, Conn.: Yale University Press, 1982, p. 14.

14. Ibid., p. 51.

15. Betty Friedan, *The Feminine Mystique*. New York: Dell Publishing, 1963, p. 256.

16. Ibid., p. 203

17. Much of this new research is pulled together in a book by Waite and Gallagher. See Linda J. Waite and Maggie Gallagher, *The Case for Marriage: Why Married People Are Happier, Healthier and Better Off Financially*. New York: Doubleday, 2000.

18. Allan V. Horwitz, Helene Raskin White, and Sandra Howell-White, "Becoming Married and Mental Health: A Longitudinal Study of a Cohort of Young Adults," *Journal of Marriage and the Family*, vol. 58, 1996, pp. 895–907. It should be noted that this study controlled for premarital rates of mental health—to eliminate the possibility that a relationship between marital status and well-being exists only because healthier individuals tend to be the ones that get married.

19. David G. Blanchflower and Andrew J. Oswald, "Well-being over time in Britain and the USA," Working Paper 7487, National Bureau of Economic Research, Cambridge, Mass., January 2000.

20. Lupton and Smith found that over a five-year period, married couples saved $11,000–$14,000 more than nonmarried households. See Joseph Lupton and James P. Smith, "Marriage, Assets, and Savings," RAND, Labor and Population Program, Working Paper 99–12, November 1999, p.20. See also Waite and Gallagher, *The Case For Marriage*, op. cit., pp. 97–124.

21. Laurence J. Kotlikoff and Avia Spivak, "The Family As an Incomplete Annuities Market," *Journal of Political Economy*, vol. 89, 1981, pp. 372–391.

22. All figures cited in this paragraph are taken from "The National Health and Social Life Survey," carried out in 1992 at the University of Chicago by Edward Laumann, John Gagnon, Robert Michael, and Stuart Michaels. This survey is popularly known as "The National Sex Survey."

23. Interview with author, November 15, 2000.

24. Interview with author, January 23, 2001.

Chapter 5

1. Interview with author, March 28, 2000.

2. Interview with author, September 12, 2000. See also Anne Newman, "The Risks of Racing the Reproductive Clock," *Business Week*, May 5, 1997.

3. In 1968 for example, 3,790 babies were born to women aged 45–49. See: National Center for Health Statistics, National Vital Statistics Report, "Births: Final Data for 1998," March 2000, p. 6.

4. *People*, June 9, 2000.

5. Susan Cheever, "A New York Fable," *Talk*, February 2000.

6. Hallie Levine, "Older Women Weigh Pregnancy Perils," *New York Post*, July 16, 2000.

7. Interview with author, September 17, 2000.

8. Raphael Ron-El, Arie Raziel, Devorah Strassburger, Morey Schachter, Ester Kasterstein, and Shevach Friedler, "Outcome of Assisted Reproductive Technology in Women over the Age of 41," *Fertility and Sterility*, September 2000, vol. 74, no. 3, pp. 471–475.

創造生活

9. A. Anderson, J. Wohlfahrt, et al., "Maternal Age and Fetal Loss: Population Based Register Linkage Study," *British Medical Journal*, 2000, pp. 1708–1712.

10. Quoted in Richard Marrs, *Fertility Book: America's Leading Fertility Expert Tells You Everything You Need to Know About Getting Pregnant*. New York: Delacorte Press, 1997, p. 48.

11. Anne Adams Lang, "Doctors Are Second Guessing the 'Miracle' of Multiple Births," *The New York Times*, June 13, 1999.

12. Pam Belluck, "Heartache Frequently Visits Parents with Multiple Births," *The New York Times*, January 3, 1998.

13. Sarog Saigal, Lorraine A. Hoult, David L. Streiner, Barbara L. Stoskopf, and Peter L. Rosenbaum, "School Difficulties at Adolescence in a Regional Cohort of Children Who Were Extremely Low Birth Weight," *Pediatrics*, vol. 105, no. 2, February 2000.

14. Sheryl Gay Stolberg, "As the Tiniest Babies Grow: So Can Their Problems," *The New York Times*, May 8, 2000.

15. Marrs, *Fertility Book*, op. cit., p. 46.

16. Alice S. Whittemore, Robin Harris, and Jacqueline Itnyre, "Characteristics Relating to Ovarian Cancer Risk: Collaborative Analysis of 12 U.S. Case-Control Studies," *American Journal of Epidemiology*, November 15, 1992, vol. 136, no. 10, pp. 1184–1203.

17. Mary Anne Rossing, J.R. Daling, N.S. Weiss, D.E. Moore, and S.G. Self, "Ovarian Tumors in a Cohort of Infertile Women," *New England Journal of Medicine*, vol. 331, no. 12, September 22, 1994, pp. 771–776.

18. Alison Venn, Lyndsey Watson, Fiona Bruinsma,

Graham Giles, and David Healy, "Risk of Cancer after Use of Fertility Drugs with In-Vitro Fertilization," *The Lancet,* vol. 354, November 6, 1999, pp. 1586–1590.

19. Gad Potashnik, Liat Lerner-Geva, Leonid Genkin, Angela Chetrit, Eitan Lunenfeld, and Avi Porath, "Fertility Drugs and the Risk of Breast and Ovarian Cancers: Results of a Long-Term Follow-up Study," *Fertility and Sterility,* vol. 71, no. 5, May 1999.

20. Asher Shushan and Neri Laufer, "Fertility Drugs and Ovarian Cancer: What Are the Practical Implications of the Ongoing Debate?" *Fertility and Sterility,* vol. 74, no. 1., July 2000.

21. Liz Tilberis, *No Time to Die.* New York: Avon Books, 1998, p. 235.

22. Anne Adams Lang, op. cit.

23. Infertility treatment often creates intense economic pressure. The Incid website is full of stories of financial stress. E.g., Tracy Bailey tells of the toll taken by five years of unsuccessful infertility treatment. In her words, "you pay as much if you lose a baby as if you deliver one. I generally try to miscarry at home so as to save money. And then I try to catch what I can in the toilet bowl so that it can be tested." http://www.incid.org.

24. Anne Adams Lang, op. cit.

25. The United Kingdom seems to be particularly strict. In a recent, much-publicized case, a 46-year-old woman wanted to have more than three embryos implanted to increase her chances of getting pregnant and sought a review by the courts of the HFEA guidelines, which limit transfers to three. She was turned down. The reason given was the risk of multiple births.

26. Laurent Belsie, "Multiple Births Stir Call for Controls

创造生活

on Fertility," *Christian Science Monitor*, December 28, 1998.

27. Richard Marrs, op. cit., p. 41.

28. Rick Lyman, "As Octuplets Remain in Peril, Ethics Questions Are Raised," *The New York Times*, December 22, 1998.

29. Dr. Alan Tounson, an embryologist at Monash University in Melbourne, Australia, pioneered the use of donor eggs in 1984. See Rebecca Mead, "Eggs for Sale," *The New Yorker*, August 9, 1999.

30. http://www.ronsangels.com/auction.html.

31. Interview with author, March 10, 2000.

32. Deanne Corbett, "Science: Making a Baby," *The Stanford Daily*, March 10, 1999.

33. Richard Marrs, op. cit., p. 137.

34. Richard Marrs, op. cit., p. 136.

35. The Emily story was featured on NPR's *Morning Edition*, December 23, 1998. Transcript # 98122306-210

36. Gina Kolata, "Price of Donor Eggs Soars, Setting Off a Debate on Ethics," *The New York Times*, February 25, 1998.

37. K.K. Ahudja and E.G. Simons, "Cancer of the Colon in an Egg Donor: Policy Repercussions for Donor Recruitment," *Human Reproduction*, vol. 13, no. 1, 1998, pp. 227–223. See also Margarette Driscoll, "Birth of Doubt," *Sunday Times*, March 15, 1998.

38. Sauer, Paulson, and Lobo, 1995, p. 114. Cited in Marrs, *Fertility Book*, p. 134.

39. Quoted in Marrs, *Fertility Book*, op. cit., p. 137.

40. Claudia Kalb, "The Truth About Fertility." *Newsweek*, August 13, 2001.

41. Address to conference hosted by RESOLVE NYC,

"Everything You Ever Wanted to Know about Infertility and Adoption," Mt. Sinai Hospital, New York, September 17, 2000. See also Zev Rosenwaks, "We Still Can't Stop the Biological Clock," *The New York Times,* June 24, 2000.

42. Genesis 30:22-23.

43. Barbara Grizzuti Harrison, "Men Don't Know Nuthin' 'Bout Birthin' Babies," *Esquire,* July 1972, p. 110.

44. Edward Shorter, *Women's Bodies: A Social History of Women's Encounter with Health, Ill-Health and Medicine.*New York: Transaction Publishers, 1991, p. 31.

45. Ibid., p. 31.

46. Harold Speert, *Essays in Eponymy: Obstetric and Gynecologic Milestones.* New York: Macmillan, 1958, pp. 442–443.

47. W.J. Sinclair, "The Injuries of Parturition: The Old and the New," *British Medical Journal,* September 4, 1987, pp. 589–595.

48. Edward Shorter, *Women's Bodies*, p. 272.

49. Uta Ranke-Heinemann, *Eunuchs for the Kingdom of Heaven: Women, Sexuality and the Catholic Church.* New York: Penguin Books, 1990, pp. 25–26.

Chapter 6

1. Focus group, Cambridge, Massachusetts, February 12, 2001. Names and affiliations have been changed.

2. The vignettes contained in this chapter are based on follow-up interviews with respondents to the *High-Achieving Women, 2001* survey. Names and other identifying information have been changed. See description of survey in Chapter 2.

3. Juliet B. Schor, *The Overworked American: The Unexpected Decline of Leisure.* New York: Basic Books,

1992; Arlie Hochschild, *The Time Bind: When Work Becomes Home and Home Becomes Work*. New York: Henry Holt & Co., 1997.

4. See Jerry A. Jacobs and Kathleen Gerson, "Do Americans Feel Overworked? Comparing Ideal and Actual Working Time," in Toby Parcel and Daniel B. Cornfield, eds., *Work and Family: Research Informing Policy*. Thousand Oaks, Calif.: Sage Publications, 1998. See also Juliet B. Schor, "Time Crunch among American Parents," in Sylvia Ann Hewlett, Nancy Rankin, and Cornel West, eds. *Taking Parenting Public: The Case for a New Social Movement*. Lanham, Md.: Rowman and Littlefield, 2002.

5. The picture is, of course, complicated by the fact that individuals often need to hold more than one of these part time jobs to get by. Jody Heymann describes these trends and points to the consequences. See: Jody Heymann, MD, PhD, *The Widening Gap: Why America's Working Families Are in Jeopardy and What Can Be Done about It*. New York: Basic Books, 2000.

6. Jerry A. Jacobs and Kathleen Gerson, "Towards a Family-Friendly, Gender Equitable Work Week," *University of Pennsylvania Journal of Labor and Employment Law*, Fall 1998, pp. 458–459.

7. See discussion in Paula M. Rayman, *Beyond the Bottom Line*. St. Martin's Press, 2001, pp. 25–59.

8. Pamela Holloway, "The Financial Impact of the War for Talent," http://www.thepepeoplepractice.com. See also pam@aboutpeople.com. Accessed December 4, 2001.

9. University of Texas, Houston, "Work/Family Task Force Report," May 1996. http://oac.uth.tmc.edu/family/wftaskforce.html.

10. "Friends of the Family," *Working Mother,* October 2000, p. 62.

11. B. Lynn Ware and Bruce Fern, "The Challenge of Retaining Top Talent: The Workforce Attrition Crisis," Integral Training Systems, Inc., 1997. http://www.itsinc.net/retention-research.htm. See also, John Sullivan, "The Cost Factors and Business Impacts of Turnover," March 1998. http://ourworld.compuserve.com/homepages/gately/pp15js10.htm.

12. American Management Association, "2000 AMA Staffing & Structure Survey," October 2000, p. 1.

13. Interview with author, September 11, 2001.

14. Darrell Rigby, "Moving Upward in a Downturn," *Harvard Business Review,* June 2001, pp. 99–105.

15. Interview with author, December 20, 2000.

16. According to *Working Mother* magazine, the ten best companies are: Allstate Insurance Company, Bank of America, Eli Lily and Company, Fannie Mae, IBM Corporation, Life Technologies, Inc., Lincoln Financial Group, Merrill Lynch & Co., Inc, Novant Health Inc., and Prudential. See *Working Mother,* "100 Best Companies for Working Mothers, October 2000, pp. 76–84.

17. Options available at Ernst & Young (21,842 employees) include: *flexible hours,* which allow employees to work irregular hours, compressed workweeks, or reduced days during less busy times, balanced by longer days during more busy times; *reduced schedules,* which allow employees to work fewer days per week and fewer hours per day; and *seasonal long-term arrangements,* which allow employees to work a normal work schedule for most of the year, followed by a period of time off that can last from two weeks to three

months. Source: http://www.diversityinc.com/workforce/ wlife/eyworklife.

Flexible work arrangements are already affecting turnover rates at Ernst & Young. According to Deborah Holmes, Americas Director, Center for the New Workforce, "Two-thirds of the people using flexible work arrangements tell us that they would have left—or would not have joined us in the first place—if it had not been for their flexible work arrangement." Source: Interview with author, October 17, 2000.

Since 1991, IBM (143,399 employees) has offered a three-year *personal leave of absence* for full-time employees (see interview with Amy). This leave is unpaid but benefits are continued and there are job-back guarantees. Since 1997, unpaid leave has been supplemented by part-time paid leave—IBM calls this option *flexible leave of absence*. Employees who take this leave work a minimum of 16 hours a week for up to three years, and receive prorated pay and vacation, full benefits, and the opportunity to earn pay increases and bonuses.

Senior managers at IBM feel that creative work/life policies have helped attract and retain high-caliber women workers. Twenty-one percent of executive employees at IBM are now women, up from 12 percent in 1995. "Our motivation is not to be generous, but to be astute in the management of our human resource talent pool," said Ted Childs, vice president of global workforce diversity at IBM. Source: http://www.workingwoman.com, accessed February 20, 2001.

Merck & Co., Inc. (32,722 employees) offers 26 weeks of family leave—with partial pay and phaseback options for new mothers. The company also contributes to the operating costs of three on-site childcare centers and provides subsidies and discounts for use at community childcare centers.

Women now account for half of Merck's research scientists and 36 percent of top earners in the company—much higher figures than for the pharmaceutical industry as a whole. Source: http://www.workingwoman.com, accessed February 20, 2001.

Scholastic Corporation (1,800 employees at headquarters) has developed what it calls "a culture of flexibility." Take for example Scholastic's *family leave plan*, which predates FMLA. For employees who have been at the company for at least one year, Scholastic provides maternity leave at full pay for 4 to 26 weeks—depending on how many years the employee has been with the company. The company also provides *child care leave*—eight weeks of fully paid leave for the primary caregiver following maternity leave or upon adoption. A secondary care parent is entitled to two weeks fully paid leave following birth or adoption. In addition, to ease the transition back to work, a primary caregiver who has just taken eight weeks of childcare leave will receive full salary for part-time work for an additional eight weeks—assuming they put in at least 21 hours per week at the office. Source: Interview, Deborah Fuller, Director of Human Resources, Scholastic, June 18, 2001.

18. Chart 1 ACCESS TO WORK/LIFE POLICIES

	High-achieving Career Women	High-achieving Non-Career Women (Not currently employed)
	%	%
Change starting and quitting times on a flexible basis	69 percent	49 percent
Return to work gradually after childbirth/adoption	56 percent	39 percent

Work at home or off-site on a regular basis	48 percent	28 percent
Paid time off for female employees who give birth to a child	46 percent	37 percent
Compress their workweek	42 percent	28 percent
Share jobs	31 percent	28 percent
Paid time off for male employees whose partner gives birth to a child	29 percent	19 percent
Childcare at or near work	20 percent	14 percent
Tale a "career break"	12 percent	8 percent

Source: *High-Achieving Women, 2001*

19. Keith H. Hammonds, "Family Values," *Fast Company*, December 2000, p. 170. DeGroot makes the point that even a generous package of benefits cannot help employees strike a meaningful, sustainable balance between professional and personal life unless there is a fundamental change in the mind-set of managers. See also Stewart D. Friedman, Perry Christensen, and Jessica DeGroot, "Work and Life: The End of the Zero-Sum Game," *Harvard Business Review*, Nov.–Dec., 1998.

20. Jacobs and Gerson, op. cit., p. 462

21. http://www.lawyerslifecoach.com/newsletters/issueso8, accessed January 7, 2001.

22. It is worth pointing out that Schwartz herself never used the term "Mommy Track." Instead she talked about "career primary women" and "career and family women." See: Felice N. Schwartz, "Management Women and the New Facts of Life," *Harvard Business Review*, Jan.–Feb. 1989, pp. 65–76.

NOTES(注释)

23. See discussion in Ann Crittenden, *The Price of Motherhood*. New York: Henry Holt, 2001, p. 32.

24. Rhona Mahony, *Kidding Ourselves*. New York: Basic Books, 1995, p. 18.

25. Nancy Rankin, "Leave-Taking Employees Need 'On-Ramps'," *Human Resources Report*, vol. 19 no. 43, November 6, 2000, p. 1181.

26. There are currently a slew of legislative proposals at both the state and federal levels—spearheaded by the National Partnership for Families and Children—that would accomplish the objective of creating paid family leave. See: http://www.nationalpartnership.org/workand family/fmleave/flinsur.htm.

27. See discussion in Stanley I. Greenspan, *The Four-Thirds Solution: Solving the Child-Care Crisis in America Today*. Cambridge Mass.: Perseus Publishing, 2001.

Chapter 7

1. Not her real name, survey respondent from *High-Achieving Women, 2001*.

2. Ibid.

3. Claudia Goldin, "Career and Family: College Women Look to the Past," Cambridge Mass., National Bureau of Economic Research, 1995, Working Paper No. 5188.

4. Dolores Hayden, *The Grand Domestic Revolution*. Cambridge, Mass.: MIT Press, 1981, p. 197.

5. See, for example, C.E. Ross and J. Mirowsky, "Does Employment Affect Health?" *Journal of Health and Social Behavior*, vol. 36, 1995, pp. 230–243; and M.M. Ferre, "Beyond Separate Spheres: Feminism and Family Research," *Journal of Marriage and the Family*, vol. 52, 1990, pp. 866–884.

创造生活

6. Susan Chira, *A Mother's Place: Choosing Work and Family Without Guilt or Blame.* New York: HarperCollins, 1998, p. 151.

7. Qin Chen and Ye Luo, "What Matters More, Jobs or Children? A Study of Time Use and Experience of Happiness among Dual-Earner Couples," Sloan Center, University of Chicago, working paper, August 2000.

8. Ibid., p.15.

9. Lois Wladis Hoffman and Jean Denby Manis, "The Value of Children in the United States: A New Approach to the Study of Fertility," *Journal of Marriage and the Family*, August 1979, p. 583.

10. Ibid., p. 587.

11. Lois Wladis Hoffman, Karen Ann McManus, and Yvonne Brackbill, "The Value of Children to Young and Elderly Parents," *International Journal of Aging and Human Development*," vol. 25, no. 4, 1987.

12. Susan Chira, *A Mother's Place*, op. cit., p. 282.

13. Interview with author, January 23, 2001.

14. Elizabeth G. Chambers, Mark Foulon, Helen Hand-field-Jones, Steven M. Hankin, and Edward G. Michaels, "The War for Talent," *The McKinsey Quarterly*, 1998, p. 3.

15. Ibid.

16. http://www.mckinsey.com/features/frogs/index.html.

17. Interview with author, May 30, 2001.

18. U.S. Census Bureau, 2001.

19. According to economist Nancy Folbre, Americans have a hard time seeing children as public goods, rather than tend to think of children as pets. See Nancy Folbre, *The Invisible Heart: Economics and Family Values.* New York: The New Press, 2001, p. 109.

译者后记

　　1923 年，鲁迅在《娜拉出走之后》中提出，唤起解放意识并不是女性解放的终点，经济权的取得才是"娜拉"不至堕落或回家的关键。在之后的大半个世纪中，世界上大多数国家的女性凭借不同的历史机缘，获得了不同程度的解放。她们不仅在社会地位上逐步上升，在职场上也逐渐能够与男性分庭抗礼。但时至今日，对于 21 世纪的女性来说，如何处理工作与家庭之间的关系依旧是最令人烦恼的论题。

　　"二战"结束之后，美国女权主义者受到民权运动的影响，逐步发展为"激进主义女权主义"和"自由主义女权主义"两大流派。前者认为女性屈从于男权制的压迫是由于女性群体的"殖民化"，进而将女性苦难的根源与男性的生理本能直接画上等号；而后者则囿于"平等"和"公正"之间的争论，尽管推动了美国制度和法律的完善，却也阻碍了对职场女性的照顾性政策。

　　在这两股流派的合力作用下，美国女性得以走出家庭，全方位地进入各个阶层的工作。但很快人们又发现，这条路同样存在问题，女性既承担着工作的重担，又没有摆脱家庭的负担，而且还难免经受着推迟生育带来的折磨。贝蒂·弗里丹（Betty Friedan）在 1981 年出版的《第二阶段》（*The Second Stage*）就揭露了女性承受的双重负荷。进入新世纪后，这种情况不仅没有缓解，反而因为社会压力加大、避孕手段和辅助生殖技术的成熟等原因而变本加厉。安·金斯顿（A. Kingston）在 2005 年出版的《妻子的意义》（*The Meaning of Wife*）

创造生活

再次描述了这一困境。而您拿在手上的这本《创造生活》则是美国女性研究者西尔维娅·安·休利特对数十年来美国职业女性境遇的全面研究与反思，以及问题的解决之道。

《创造生活》（*Creating A Life*）的作者西尔维娅·安·休利特是美国著名经济学家、咨询专家、演讲家和作家。1946 年，她出生在英国。20 世纪 60 年代末，她来到哈佛大学读研究生。在美国，她亲身经历了妇女运动的黄金时代，像那个年代的新女性一样，她自信地接受了高等教育，在事业的阶梯上向上攀登。她在高校里做过教师，但其终身教授的席位却因为在任职期间生养孩子被否决了。后来她又在经济政策理事会（EPO）担任主任，长期为如何解决女性职业与家庭问题出谋划策。所以，她既体验过普通职业女性对生活的无奈和艰辛，又兼有与国家和大企业的政策制定者周旋的高层经历。

在她的作品中，我们可以看到，在"同工同酬法案"的保护之下，经历了"性解放"时代的美国女性的确做到了突破障碍，投身于社会主流之中。她们佯装男女之间不存在差别，不少人直到年届不惑，才发觉现实中可选择的余地其实已不大。她们只能要么对工作偷工减料，要么对家庭撒手不管，对孩子克扣感情。很少有人能面面俱到，"全部拥有"。而其中"高成就女性"的不幸尤甚于此，她们表面上光鲜富贵，有权有势，但内心的痛苦只有自己在慢慢品尝——她们错过了结婚生子的最后时机，而这并不是她们自由意志的选择。

以上种种，对于中国女性和中国政府政策制定者来说殷鉴不远，值得注意。

中华人民共和国成立之后，中国女性获得了"半边天"的社会地位，同时也承担了与男性同等的工作负担，以较高的劳动参与度为社会和家庭做贡献。在 20 世纪 80 年代之前，中国城市里的职业女性所面对的工作与家庭之间的矛盾并不突出，那是因为在计划经济时期，做饭、养老、育儿等家庭责任被工作单位的社会功能分担了相当一部分。但随着改革开放的逐步深化，单位体制消解，社会配套功能跟不上，大多数普通职业女性就变得越来越无力维持工作和家庭之间的平衡，工作和家庭压力日益加大。

虽然，中美两国对于好母亲和好妻子的理解不同，但努力实现本国文化对于自身角色的期望，这一点是超越文化背景的。当然，在抚养孩子、完成家务方面，中国女性借助的资源较美国女性更多，比如求助于家中的老人。但是，经济条件和时间管理策略方面的差异使中国女性必定要牺牲更多的个人生活，她们更习惯于先顾及传统观念中家庭赋予她们的职责，然后再从空闲时间中挤出更多的空间来完成工作。

而且，在生育下一代这件事情上，即便是 21 世纪的中国女性依然经受着巨大的压力，这让她们更加焦虑于"升职"还是"生子"之间的两难选择。有数据显示，为了事业而延迟结婚和生育导致的高龄孕妇和不孕不育的人数激增，所产生的辅助生殖医疗市场的乱象较美国有过之而无不及。

另外，在中国适婚女性总体相对短缺的当下，"剩女"现象却越来越成为社会关注的话题。"剩女"这个名词当然暗含着针对女性群体的某种性别规训，但也客观反映了大龄职业女性在择偶市场上的竞争处于越来越不利的地位。

总而言之，这本《创造生活》中描写的种种女性生存困境，中国的职业女性也或多或少，或早或晚地身在其中。她们可以在这本书中看到，大洋彼岸的女同胞们早在若干年前就同样在为事业打拼，为婚恋关系苦恼，为是否要孩子而忧心忡忡。本书中的这些描述一定会让她们感同身受。而且，本书的第二部分给出的诉求和解决方案，我相信，不管是普通职场女性，还是企事业单位的管理层，或是我国妇女问题研究者，都能从中有所收获。进一步说，中国从 2015 年开始实施"全面二孩"政策。各地也出台了不少措施给予鼓励，但实际上效果

创造生活

并不如人意。如何帮助主体生育人群解决好事业与生育之间的冲突，调整相关公共政策，做出全面长期制度性安排来支持"二孩"生育，从而推动人口长期均衡发展，值得政府政策制定者深思，本书也许能提供一些启迪。

第一次接触到这本书是因为马莉老师的推荐。马莉老师是江苏师范大学外国语学院的教师，也是我的同事和挚友。在一次闲谈中，她告诉我如果想要了解美国的女性生活，可以读读这本书。我在网上找了一下书评，均认为这是年轻职场女性的必读书。于是，我立刻下单，到手后一口气读完，不仅为作者纡徐自若、亦庄亦谐的语言风格所折服，也深深地被书中披露的美国女性的生活困境所震撼，被作者悲天悯人的情怀所感动。这本书让我对女权运动的发展方向和认知误区有了更大的了解，也对女性问题的复杂性有了新的认识。

了解到国内还未有这本书的中文版之后，马莉老师鼓励我动手翻译。我的丈夫，徐州医科大学的教师朱九扬表示赞同，并和我作了分工，共同完成了翻译和后续的审校。马老师在美国时就与作者关系密切，她不仅帮我解决了版权问题，她的丈夫朱伦教授也给予我们不少鼓励和点拨，而且还为我们联系好了出版社。两位老师的情谊，我们铭记在心。

此书能够得以付梓，还要感谢作者休利特女士慷慨提供了版权，感谢中国社会科学出版社的安芳编辑为本书付出的大量辛勤劳作，感谢江苏师范大学有关领导和部门的同志们所给予的关心帮助。

翻译的过程对于译者来说也是一个学习和审视自己的过程，但受自身水平所限，译文难免有不周或纰缪之处，还请各位读者大家指正赐教。

周健　朱九扬

2018 年于江苏·徐州